CABALA
UMA JORNADA DE AUTOCONHECIMENTO

Kadu Santoro

CABALA
UMA JORNADA DE AUTOCONHECIMENTO

GRYPHUS

Rio de Janeiro

© Kadu Santoro

Revisão
Vera Villar

Editoração eletrônica
Rejane Megale

Capa
Kadu Santoro

Adequado ao novo acordo ortográfico da língua portuguesa

CIP-BRASIL. CATALOGAÇÃO-NA-FONTE
SINDICATO NACIONAL DOS EDITORES DE LIVROS, RJ
....
S232c
2. ed.

Santoro, Kadu
   Cabala : uma jornada de autoconhecimento / Kadu Santoro. - 2. ed. - Rio de Janeiro : Gryphus, 2023.
   192 p. ; 21 cm.

   Inclui bibliografia
   ISBN 978-65-86061-62-8

   1. Cabala. 2. Espiritualidade. I. Título.

23-84600   CDD: 296.16
                                                              CDU: 26-587
....

GRYPHUS EDITORA
Rua Major Rubens Vaz 456 — Gávea — 22470-070
Rio de Janeiro — RJ — Tel.: (0XX21) 2533-2508 / 2533-0952
www.gryphus.com.br — e-mail: gryphus@gryphus.com.br

"Não escrevo com outro objetivo senão que
o homem aprenda a conhecer a si mesmo."
Jacob Boehme

"Aquele que conhece os outros é sábio.
Aquele que conhece a si mesmo é iluminado."
Lao-Tsé

"Reconcilia-te, pois, com ele e tem paz,
e assim te sobrevirá o bem."
Jó 22.21

Agradeço em primeiro lugar ao Criador que me concedeu o Espírito de Chochmá (Sabedoria) para a realização desta obra, ao meu mentor e mestre espiritual Rabi Isaac Luria, o "Ari" – o Leão Sagrado de Safed, ao mestre cabalista Z'ev ben Shimon Halevi, representante da Cabala Toledana que muito me influenciou, aos estimados amigos Dr. Adílio Jorge Marques e Drª. Teresa Akil, com muito carinho e louvor por todo incentivo e colaboração ao longo da minha jornada.

Ao Eterno Criador, à memória de meus pais Renato Moreira e Gilda Matthiesen Santoro, assim como de toda a minha linhagem ancestral com infinita gratidão, a minha esposa e companheira de jornada Claudiane Santoro, a minha filha Maria Eduarda, à memória do meu fiel companheiro canino, Snoopy, e a todos os meus amigos, colegas e colaboradores, verdadeiros buscadores de Si com todo amor e gratidão.

Sumário

Prefácio 1 13
Prefácio 2 17
Introdução – Vai para ti mesmo 19
Recebendo a Cabala em sua vida 23
O que somos nós? 25
Quem pode estudar a Cabala? 27
Por que estudá-la? 29
O maior legado dessa tradição 33
Despertando a sua essência 35
Os obstáculos no caminho 37
Uma tradição de buscadores 41
Dois níveis de divulgação 45
Os benefícios desses conhecimentos 49
O percurso e o trabalho da Cabala 51
Recomendações para o início da jornada 55
Cronologia do desenvolvimento da Cabala através dos séculos 57
A origem etimológica da palavra Cabala 63
Definições 65
    Visão universalista 66
    Visão prática 66
    Visão Judaica 67
    Visão ecumênica 67
    Influências do pensamento cabalístico 67
PARDES – Os quatro níveis de interpretação das Escrituras 71
    1º. Nível: Pshat – Simples 72
    2º. Nível: Remez – Insinuação 72
    3º. Nível: Drash – Aprofundamento 73
    4º. Nível: Sod – Segredo 73
Modalidades da Cabala 77
    1ª. Cabala não escrita – tradição oral 76
    2ª. Cabala teórica ou dogmática 76

3ª. Cabala prática ou mágica ... 77
4ª. Cabala literal ... 78
5ª. Cabala numérica ... 81
O alfabeto hebraico e seus mistérios ... 97
A Cabala luriânica – Partzufim, Shevirá, Tikun e Gilgul ... 103
A Árvore da Vida ... 107
Quem sou eu? ... 109
Conhecer a Árvore da Vida consiste em conhecer a si mesmo ... 111
A Árvore da Vida, o esquema de toda a realidade ... 113
A constituição da Árvore da Vida ... 115
As 10 sefirot ... 119
Síntese da Árvore da Vida ... 145
Os 32 Caminhos da Sabedoria ... 147
O Tzimtzum e a origem dos quatro mundos ... 159
    Atsilút – O Mundo da Emanação ... 161
    Briá – O Mundo da Criação ... 161
    Ietsirá – O Mundo da Formação ... 162
    Assiá – O Mundo da Manifestação ... 163
Os cinco níveis da alma ... 167
    Néfesh – Corpo com o princípio vital ... 168
    Rúach – A alma, sede da vontade, que constitui propriamente a personalidade humana ... 169
    Neshamá – O Espírito, Centelha Divina ... 170
    Chaiá – O vivente ... 171
    Iechidá – A Grande Unificação ... 171
A meta final da alma humana ... 173
As 50 portas da inteligência ... 177
Colhendo os frutos da Árvore da Vida ... 183
Bibliografia ... 189

Prefácio 1

"*O que está em cima é como o que está embaixo, e o que está embaixo é como o que está em cima.*" O Caibalion.

Com as palavras acima podemos entender a extensão desta obra do Prof. Kadu Santoro que ora aqui se apresenta. Enquanto cabalista que é, estudioso de longa data do tema, percebemos o quanto o conteúdo deste livro poderá ajudar a pesquisadores, simpatizantes e estudiosos do tema. Seguimos caminhos distintos para chegar a um único lugar, a uma única verdade, apesar das variações discretas ou paradoxais ao longo do percurso, em última análise. Uma abordagem cabalística autêntica é pautada no autoconhecimento, na jornada interior rumo ao Ser, proporcionando o despertar e a maturidade espiritual. E é justamente para uma viagem por um mundo fascinante que o autor nos convida.

O estudo da Cabala é um dos mais importantes instrumentos mentais por meio do qual o homem pode enxergar além dos véus que encobrem a visão interior. E, o mais importante, este saber é acessível a qualquer buscador. Em um mundo no qual a sensação de medo e impotência é constante, diante do sentimento de termos pouquíssimo controle sobre o que marca a nossa vida, é no saber das eras que podemos encontrar um porto seguro. Mesmo estando todos nós mergulhados em uma pós-modernidade fluida e materialista, o maior legado da Cabala é despertar no indivíduo a consciência de si através do autoconhecimento, e não a promoção do conhecimento para conquistar e satisfazer os nossos desejos e vontades de ter. E o primeiro benefício proporcionado pela Cabala é a recordação da situação em que nos encontramos, num estado de sono, e de que é preciso despertar para uma realidade superior.

Certamente que os conceitos da Cabala não se limitam apenas às práticas espirituais. Os ensinamentos cabalísticos foram profundamente influenciados pelos filósofos do passado, como Pitágoras, Platão, Aristóteles, Fílon de Alexandria, entre outros. Segundo especialistas no assunto, tais como Gershom Scholem, grande parte da cosmologia da Cabala foi tomada de empréstimo aos princípios pitagóricos, aristotélicos e neoplatônicos. Logo, o que o autor nos traz aqui é algo da tradição intelectual das eras.

A Cabala continua sendo divulgada em níveis distintos. No nível popular, considerado exterior (exotérico), se percebe o uso desse saber para o triunfalismo, a conquista única de benefícios temporários, como prosperidade. Claro, o objetivo máximo do ser humano é superar-se a si mesmo, e o primeiro passo é o despertar da consciência, reconhecendo a sua condição de ignorante em relação a si mesmo, mas o contato com os ensinamentos cabalísticos, quando tomamos consciência da nossa essência, ou a lembrança de si, leva ao conhecimento maior: o do nosso Eu verdadeiro.

Esse recebimento chega de forma progressiva por meio de sonhos, intuições, *insights*, sinais, ou pelo fenômeno muito comum chamado de sincronicidade, segundo C. G. Jung: encontros e acontecimentos de forma a despertar gradualmente cada um de nós para uma nova realidade, ou seja, uma nova dimensão mais elevada da consciência, que transcende o mundo das aparências. É muito comum àqueles que iniciam os estudos da Cabala ter experiências transcendentais, como sonhos ricos em simbolismos, visões proféticas, encontros com pessoas que trazem informações valiosas etc.

Como nos recorda Kadu Santoro em um momento de seu livro com outra passagem da obra clássica *O Caibalion*: "Toda Causa tem seu Efeito, todo Efeito tem sua Causa; tudo acontece de acordo com a Lei; o Acaso é simplesmente um nome dado a uma Lei não reconhecida; há muitos planos de causalidade, porém nada escapa à Lei".

Só o fato de tomar a iniciativa e de procurar enxergar a realidade que nos cerca à luz da Cabala já conduz os buscadores a um novo entendimento de seu ser interior. Em função disso, a Cabala também é chamada de Sabedoria Oculta, pois seus ensinamentos são perenes e a sua revelação tem caráter íntimo, pessoal, visando o despertar da consciência para níveis mais sutis de evolução. Segundo a tradição cabalística, ao estudarmos a Árvore da Vida devemos enxergar a nossa condição atual e aquela que devemos atingir, e que nos conduzirá a um estado de plenitude e evolução através da Pistis (Conhecimento) e da Sophia (Sabedoria). Ou seja, àquilo que os gnósticos cabalistas representam como o átomo centelha espírito que habita em nós.

Por fim, desejo que este livro possa trazer muitos *insights* em cada leitor como trouxe a mim, pois percebo a Cabala como o entendimento daquilo que compreende parte da mente divina, como o Mestre Jacob Boehme, místico e filósofo alemão dos séculos XVI e XVII, já nos disse séculos atrás. E foi este o hercúleo trabalho de Kadu Santoro.

Adílio Jorge Marques
Professor Adjunto em Ensino na Faculdade Interdisciplinar em Humanidades da Universidade Federal dos Vales do Jequitinhonha e Mucuri – UFVJM
Graduado em Física e em História
Doutor e Pós-Doutor em História das Ciências
Membro da Academia Brasileira de Filosofia, dentre outras Academias
Coordenador da URCI – Universidade Rose-Croix Internacional

Prefácio 2

"Mas ainda que em nós pereça o homem exterior, o homem interior renova-se de dia em dia." 2 Coríntios 4.16

Num mundo onde a tecnologia tem esfriado as relações pessoais, onde a sociabilidade perde espaço para a virtualidade e a espiritualidade perde espaço para uma religiosidade vazia e alinhada com o espírito do capitalismo, o livro *CABALA – Uma jornada de autoconhecimento* chega como uma bálsamo para os que desejam um caminho alternativo para a iluminação interior e a compreensão mais profunda de si.

Neste livro Kadu Santoro deixa claro que, mais do que uma escola de pensamento originaria do judaísmo, Cabala é um conjunto de ensinamentos que tem atravessado séculos, acumulado sabedoria e instrução a fim de possibilitar que o «homem interior» recupere plenamente a consciência de si e consiga uma real manifestação do seu eu.

Que o homem interior de cada um dos leitores dessa preciosa obra possa iniciar o processo de transformação a partir de uma iluminada renovação de mentes e corações.

Teresa Akil
Professora e Jornalista, Doutora e Mestra em Teologia,
Graduada em Teologia e Comunicação Social.
Especialista em Hebraico, Antigo Testamento e Arqueologia Bíblica.

Introdução – Vai para ti mesmo

Deus disse a Abraão: "Vai".
Deus disse a Abraão: "Vai para ti mesmo, conhece-te, completa-te."
Esse versículo destina-se a todas as pessoas. Procura e descobre a raiz da tua alma, para que a possas contemplar e restituir a sua fonte, a sua essência. Quanto mais te completares, mais próximo estarás do teu eu autêntico.[1]

Essa expressão em hebraico, "Vai para ti mesmo", *lech lechá*, é geralmente traduzido por "Sai-te", ou "Vai em frente". O Zohar interpreta as palavras literalmente. Esse comentário do versículo de Gênesis[2], o primeiro livro da Torá, é extraído do Zohar 1.78a (séc. XIII).

Inspirado nesse despertar de Abraão, "Vai", foi que eu resolvi expor nesse livro os frutos de minhas pesquisas e experiências com a Cabala ao longo de trinta e cinco anos.

Criado em uma família mística e fervorosa, onde circulava uma atmosfera espiritualista eclética, sempre rodeado de vasta fonte literária e longe dos dogmatismos, em tenra idade uma dessas fontes sempre me chamara a atenção; tratava-se da literatura cabalística, onde, em torno dos 12 anos de idade, tive o meu primeiro contato com esses ensinamentos. Daí, até os dias de hoje, por mais de trinta e cinco anos, nunca mais me apartei desses conhecimentos, pelo contrário, por todos os caminhos que percorri na senda da espiritualidade, que não foram poucos, sempre me

---
[1] MATT, Daniel C. *O essencial da Cabala: O coração da cultura judaica em uma análise acessível e inovadora*; p. 152; Ed. Best Seller, SP, 1995.
[2] Gênesis 12.1

deparei com a presença dos elementos da Cabala em todos eles, chegando à conclusão de que a Cabala na verdade consistia no sistema operacional por trás de todas as religiões e escolas esotéricas do mundo, funcionando através de um conjunto de arquétipos presentes em todas as culturas. Então, tive a compreensão de que, através dos conhecimentos da Cabala, poderia encontrar respostas para inúmeros questionamentos sobre a vida, Deus, a natureza do bem e do mal, a nossa missão aqui neste mundo, assim como o destino, entre muitas outras.

Durante todos esses anos em contato direto e indireto com a Cabala, também cheguei à conclusão de que o maior legado que esses ensinamentos podem nos oferecer é o despertar da consciência através do autoconhecimento, e isso ninguém pode nos tirar, nem a morte, pois, segundo os mestres cabalistas, uma vez que esses conhecimentos batem a nossa porta, sempre nos acompanharão por todas as nossas existências, até atingirmos a tão esperada união com a Luz Ilimitada.

Vivemos em um mundo em que somos impulsionados pelos desejos, alguns procuram segurança e estabilidade, enquanto outros buscam satisfação através do poder e dos prazeres efêmeros. Ainda há aqueles que vão atrás de sonhos, fantasias ou de algo que nem sabem muito bem o que é, mas no fundo todos estão buscando algo, e essa busca é movida pelos desejos.

"Vaidade de vaidades, diz o pregador, vaidade de vaidades! Tudo é vaidade." Eclesiastes 1.2

Mas existem pessoas que desejam algo além, estão tentando se encontrar, buscando realidades superiores, mesmo sabendo que não podem encontrá-las nesse mundo limitado aos cinco sentidos. Para essas pessoas, que eu chamo de Verdadeiros Buscadores, foram deixadas por gerações anteriores de iniciados, através dos séculos, muitas pistas ao longo do caminho, e essas pistas encontram-se por toda parte, mas apenas aqueles que têm olhos para enxergar e ouvidos para ouvir poderão encontrá-las.

"Os lábios da sabedoria estão fechados, exceto aos ouvidos do Entendimento." O Caibalion

"Os ídolos deles são de prata e ouro, obra das mãos dos homens. Têm boca, mas não falam; olhos têm, mas não veem. Têm ouvidos, mas não ouvem; narizes têm, mas não cheiram. Têm mãos, mas não apalpam; pés têm, mas não andam; nem som algum sai da sua garganta. A eles se tornem semelhantes os que os fazem, assim como todos os que neles confiam." Salmos 115.4-8

Quando o buscador se encontra pronto e compreende esses sinais ao longo do caminho, a Luz Ilimitada abre-lhe uma porta para além deste mundo limitado e o conduz à dimensão da transcendência ilimitada, concedendo-lhe uma escada para a subida rumo ao Plano Celestial, onde aquele que tiver coragem para subir estará ingressando no Caminho da Cabala.

"E sonhou: e eis uma escada posta na terra, cujo topo tocava nos céus; e eis que os anjos de Deus subiam e desciam por ela;" Gênesis 28.12

Se esse livro chegou em suas mãos, não foi obra do acaso, é um daqueles sinais de que falamos acima, ou seja, a porta da Cabala se abriu para você, e de agora em diante começa a sua grande jornada de autoconhecimento. Parabéns! Desejo-lhe uma ótima leitura e um próspero trabalho sobre si.

"Nosso dever é entender a Cabala de maneira inteligente, não apenas como uma questão de fé. Temos que ter o consentimento do nosso próprio raciocínio." Rabi M. Chaim Luzzato

Recebendo a Cabala em sua vida

"Abra um pouco seu coração para mim, E eu revelarei o mundo para você." O Zohar

Já dizia uma antiga máxima cabalista, que nós não vamos até à Cabala, ela que vem ao nosso encontro; no momento em que o discípulo se encontra pronto, o mestre aparece. A própria palavra Cabala significa recebimento, transmissão de um conhecimento que recebemos no momento em que nos encontramos aptos para esse encontro. Quando esse recebimento chega, tudo se torna novo, é como alguém que se encontrava cego e de repente sua visão é restaurada, de forma que tudo passa a possuir sentido, forma e essência.

"E o que estava assentado sobre o trono (Kéter) disse: Eis que faço novas todas as coisas. E disse-me: Escreve; porque estas palavras são verdadeiras e fiéis." Apocalipse 21.5

Esse recebimento chega de forma progressiva através de sonhos, intuições, *insights*, sinais, pelo fenômeno muito comum chamado de sincronicidade, por meio de encontros e acontecimentos, de forma a despertar gradualmente para uma nova realidade, ou seja, uma nova dimensão mais elevada da consciência, que transcende o mundo das aparências. É durante esse processo de despertamento que desenvolvemos, através da conexão com a Cabala, uma substância interior mais sutil, promovendo a edificação de um novo ser integral, completo em todos os seus níveis pessoais – Néfesh (instintos), Rúach (sentimentos), Neshamá (pensamentos), e transpessoais – Chaiá e Iechidá.

Só o fato de tomar a iniciativa de procurar enxergar a realidade que nos cerca à luz da Cabala, empenhando-se em estudar seus princípios com muita disciplina e dedicação, começa a estabelecer uma grande mudança interior, um verdadeiro salto quântico, onde tudo aquilo que antes não parecia ter sentido algum de agora em diante passa a ter.

É muito comum àqueles que iniciam os estudos da Cabala ter experiências transcendentais, como sonhos ricos em simbolismos, visões proféticas, encontros com pessoas que trazem informações valiosas, livros e literaturas que os escolhem e um profundo refinamento da sensibilidade. Através disso, percebemos que o poder da Cabala transcende todas as práticas, rituais, celebrações e observâncias religiosas, tendo como meta fundamental o autoconhecimento através da via do coração, o caminho da sabedoria, onde a Torá nos revela esse mistério na primeira letra "B" (Bet) da primeira palavra do Livro de Gênesis "Bereshit" (Gn.1.1) e na última letra "L" (Lamed) da última palavra da Torá "Israel" no Livro de Deuteronômio (Dt.34.12), juntas formando a palavra "LB", que se pronuncia em hebraico "LEV", que significa coração. Isso significa que, se você seguir o caminho do seu coração, estará seguindo no rumo certo em sua jornada espiritual.

O que somos nós?

"Quanto mais forte és, mais precisas procurar-te. Tua alma profunda esconde-se da consciência. Por isso, precisas aumentar o isolamento, a elevação no pensar, a penetração do pensamento, a libertação da mente: até que, por fim, tua alma se revele para ti, luzindo algumas centelhas das suas luzes.

Então tu descobres a bem-aventurança, transcendendo todas as humilhações ou tudo o que aconteça, por atingires a equanimidade, por te tornares uno com tudo o que aconteça, por te reduzires tanto a ponto de nulificar tua forma individual imaginária, de nulificar a existência nas profundezas de teu eu. "O que somos nós?" Então tu conheces todas as centelhas da verdade, todo raio de integridade a faiscar em qualquer lugar.

Então congregas tudo, sem ódio, inveja ou rivalidade. Em ti se manifestam a luz da paz e uma coragem feroz. O esplendor da compaixão e a glória do amor brilham por meio de ti. O desejo de agir e trabalhar, a paixão por criar e restaurar-se, o anseio pelo silêncio e pelo grito interior de júbilo, todas essas coisas se agrupam em teu espírito, e tornas-te santificado.[3]

---

3   MATT, C. Daniel, *O essencial da Cabala* – O coração da cultura judaica em uma nova análise acessível e inovadora. p. 149 – Ed. Best Seller – SP – 1995.

Quem pode estudar a Cabala?

"Na busca da sabedoria, o primeiro estágio é calar, o segundo ouvir, o terceiro memorizar, o quarto praticar, o quinto ensinar."
Rav Salomon Ibn Gabirol

O estudo da Cabala sempre foi muito restrito entre os judeus, além disso, somente os homens com mais de quarenta anos, filhos de mãe judia e devidamente qualificados moral e espiritualmente, é que poderiam ter acesso a esses ensinamentos, pois os rabinos temiam que esses conhecimentos caíssem em mãos de pessoas despreparadas e de baixo padrão moral, pois afinal de contas conhecimento é poder, e na mão de pessoas desprovidas de bom senso e caráter poderia virar uma verdadeira ferramenta de manipulação e controle.

Mas estamos em outro tempo, na era da informação, e com isso nada mais fica oculto, temos acesso a quase tudo hoje em dia através da Internet, porém requer muito cuidado diante de tanta informação pois, no meio de tantas informações inúteis e falsas, é preciso discernir aquilo que realmente faz sentido para o nosso aprendizado e desenvolvimento.

Certo dia perguntaram a um dos mais influentes cabalistas do século XX, Rav Avraham Yitzchak Kook, quem poderia estudar a Cabala, e ele respondeu de forma inequívoca: – Qualquer um que desejar. Essa também é a posição da maioria dos cabalistas atuais, deixando bem claro que a Cabala se encontra disponível a todos que desejam estudá-la. Além disso, eles acrescentam que a Cabala é a ferramenta indispensável para a resolução da grande crise global e existencial que a humanidade vem atravessando.

Por que estudá-la?

"Nosso dever é entender a Cabala de maneira inteligente, não apenas como uma questão de fé. Temos que ter o consentimento do nosso próprio raciocínio." Rabi M. Chaim Luzzato.

Estamos vivendo em uma época de transformações intensas e constantes, principalmente nas áreas da ciência e tecnologia, e isso parece nos esmagar, gerando muito estresse e ansiedade. A sensação de medo e impotência é constante diante do sentimento de termos pouquíssimo controle sobre os acontecimentos que marcam profundamente e dirigem nossas vidas, e estão nos conduzindo a um grande abismo existencial, como nunca antes acontecido na história da humanidade, devido à velocidade das informações.

Quando o escopo do que desconhecemos parece se agigantar a cada nova descoberta que fazemos; quando subjugamos uma enfermidade, terminamos uma guerra, superamos um desastre natural, começamos a nos questionar sobre nossos princípios mais fundamentais em relação à nossa existência e a nos interrogar sobre a razão de estarmos passando por todas essas coisas.

É importante observarmos o quanto, nesses últimos 70 anos, o ocidente se voltou para o oriente em busca de respostas para tais questões. De fato, muitas das concepções espirituais e práticas orientais, que as pessoas vêm abraçando em sua busca, podem ser encontradas na Cabala. A antiga tradição esotérica do ocidente, a Cabala, continua ressoando de forma intensa e atual em nossos dias, revelando muitas das crenças que por séculos e séculos têm integrado nossa compreensão do universo – crenças sobre a existência de outros níveis de consciência e realidade, sobre a alma e o mundo espiritual, sobre a onisciência, a onipresença e a onipotência de Deus manifesta em cada indivíduo.

Dentro dos ensinamentos da Cabala, encontramos aspectos comuns com o budismo tibetano, o I Ching e o taoísmo, o zen budismo, entre outros, sem falar na fonte de inspiração dos hebreus, a sagrada Torá; encontramos ensinamentos que tocam em práticas meditativas, exercícios de respiração e contemplação, criação mental, numerologia, astrologia, reencarnação, o sistema energético dos chacras, e até na arte zen de vivenciar o agora e encontrar nele os milagres do cotidiano.

Porém, os conceitos da Cabala não se limitam apenas a essas práticas espirituais. Os ensinamentos cabalísticos foram profundamente influenciados pelos filósofos do passado, como Pitágoras, Platão, Aristóteles, Fílon de Alexandria, entre muitos outros; de fato, segundo vêm apontando especialistas no assunto, como Gershom Scholem, grande parte da cosmologia da Cabala foi tomada de empréstimo aos princípios pitagóricos, aristotélicos e neoplatônicos. Vestígios das concepções cabalísticas também podem ser encontrados nas obras de pensadores, poetas, alquimistas, escritores e artistas de diversas épocas, principalmente nos períodos do Renascimento e do Iluminismo, assim como nos pioneiros da psicanálise, Sigmund Freud e C. G. Jung.

Por mais fascinante que seja examinar toda essa fusão existente entre a Cabala e os outros sistemas esotéricos e mergulhar nas questões acerca de quem tomou emprestado de quem, não é o propósito desse livro, até porque se sabe que a Cabala não surgiu do nada; ela foi fruto das épocas e continua sendo contextualizada em nossos dias. Mas o que essas semelhanças podem nos acrescentar, particularmente aquelas que aparecem em diferentes épocas e lugares, é que há certas verdades universais, comuns a todos os povos, a que em algum momento todos iremos convergir. Se várias pessoas de culturas distintas chegam, de forma independente, a conclusões semelhantes, pensam os cabalistas, isso só poderá nos dizer que todas estão no rumo certo.

Os cabalistas acreditam que todos seguimos caminhos distintos para chegar a um único lugar, a uma única verdade; apesar das variações discretas ou paradoxais ao longo do percurso, em última análise, chegaremos todos a um único destino.

O maior legado dessa tradição

"*A fusão com os Livros Verdadeiros, ativa o homem e lhe traz a vontade e a força dos sábios que escreveram aqueles textos. O saber não é o objetivo do estudo, e sim um meio para semear a Vontade Divina, a Vontade e desejo de dar e beneficiar, no coração do homem. É isso que mede o nível espiritual do homem. Isso é todo o homem.*" Rav Yehuda Leib Halevi Ashlag

A Cabala é o sistema operacional do universo e dos multiversos, interligando macrocosmo e microcosmo: *Em verdade vos digo que tudo o que ligardes na terra será ligado no céu, e tudo o que desligardes na terra será desligado no céu.*" Mateus 18.18, a fonte de conexão com a Luz Eterna, essa que perpassa por todo o nosso DNA, tanto na dimensão física quanto na dimensão da alma, estabilizando nossos padrões vibratórios de forma a nos tornar substancialmente seres mais elevados.

O maior legado da Cabala é despertar no indivíduo a consciência de si, através do autoconhecimento, e não a promoção desse conhecimento para conquistar e satisfazer seus desejos e vontades de "ter", não que o "ter" seja algo ruim, pelo contrário, até porque a nossa natureza é desejosa, mas é necessária uma reorientação desses desejos para um padrão altruísta que seja para o bem comum de todos, estabelecendo assim equilíbrio e harmonia na humanidade e no meio ambiente, longe da ganância e do espírito destrutivo de competição e disputa, pois fomos feitos para nos integrarmos e não para competirmos. Lembre-se da mensagem cabalística da Bíblia: "*Buscai, assim, em primeiro lugar, o Reino de Deus e a sua justiça, e todas essas coisas vos serão acrescentadas.*" Mateus 6.33.

Segundo a Cabala, o Reino de Deus encontra-se dentro de nós, pois somos "deuses" em essência, imagem e semelhança do Eterno (*Imago Dei*); logo, buscar a Deus e a sua justiça, significa buscar o conhecimento sobre quem realmente somos, através da relação eu e tu, passando a agir com justiça e misericórdia para com o próximo, e assim todas as coisas lhes serão acrescentadas. Quando despertamos o espírito da partilha, todas as bênçãos passam a nos seguir, como descrito na Torá: "*E todas estas bênçãos virão sobre ti e te alcançarão, quando ouvires a voz do Senhor teu Deus.*" Deuteronômio 28.12

Despertando a sua essência

"Devemos estar dispostos a nos livrar da vida que planejamos para poder viver a vida que nos espera." Joseph Campbell

A Cabala em sua manifestação microcósmica, consiste em um arquétipo do ser humano, indicando como esse deveria ser na condição "pura e perfeita", mas infelizmente isso não corresponde à realidade. Podemos diagnosticar através de quatro níveis onde se encontram as eventuais falhas dos seres humanos:

1º. Na influência arquetípica (ADN – Sociedade) agindo sobre ele;
2º. na sua individualidade básica (seu inconsciente – como ele deveria ser e não é);
3º. no seu aspecto comportamental (sua consciência ou capacidade de "livre agência", como ele quer ser ou querem que ele seja);
4º. e, por último, na "máquina" que executa (corpo – matéria) ou o meio no qual se encontra (meio ambiente – matéria).

O ser humano deve evoluir na rota espiral ascendente, simbolizado na Árvore da Vida como a subida da serpente. Afinal de contas, conforme dizem todas as tradições antigas, o homem tem a missão e a capacidade de transcender seus limites físicos de maneira a estabelecer uma conexão com a energia primordial, também chamado na Cabala de mundo dos 99%.

A criança, de certa forma, faz isso física e psiquicamente de forma espontânea até aproximadamente os sete anos de idade, desde o instante em que vem ao mundo, saindo do ventre da mãe. Com o passar do tempo, sobre fortes pressões e influências, na maioria das vezes castradora e limitadora dos pais, da religião e da sociedade em geral, tolhe-se e atrofia-se o seu desenvolvimento natural. Durante toda a sua vida, seu inconsciente, procurará desesperadamente uma maneira de fazê-la compreender que não pode parar e que é necessário tornar-se aquilo que é e está caracterizado em sua forma essencial.

Os antigos mestres conceberam uma bela metáfora para esse progresso individual através da subida de uma árvore, onde a seiva sobe pelas raízes, enquanto que do universo sobre a copa desce a energia cósmica (Shekinah). Essa Árvore consiste num arquétipo presente em todas as culturas religiosas do mundo desde sempre.

No ocidente, em especial nas cosmogonias em comum às religiões monoteístas, essa metáfora tem um símbolo bem marcante, a Escada de Jacó, cuja subida e descida acontece em um "sonho" (Gênesis 28.12). A descida é um símbolo da sabedoria divina buscando alcançar o homem, também chamada de descida do relâmpago, enquanto a subida seria a "busca" desse pela reconciliação divina, através do seu nível de despertamento da consciência, também chamada de subida da serpente. A sabedoria cabalística oferece todas as ferramentas para desenvolvermos o despertar da consciência e assim passarmos a viver de forma mais plena e satisfatória mesmo em um mundo tão conturbado.

"E sonhou: Eis posta na terra uma escada cujo topo atingia o céu; e os anjos de Deus subiam e desciam por ela." Gênesis 28.12

Os obstáculos no caminho

"O maior dos obstáculos é nossa ignorância de nós mesmos e nossa convicção ilusória de nos conhecermos, pelo menos até certo ponto, e de podermos contar conosco mesmos, quando, na realidade, não nos conhecemos em absoluto e de modo algum podemos contar conosco, nem sequer nas menores coisas." P.D. Ouspensky

Segundo a Cabala, onde há muita luz em potencial também há muita escuridão, de acordo com princípio de polaridade: *"Tudo é duplo; tudo tem polos; tudo tem o seu oposto; o igual e o desigual são a mesma coisa; os opostos são idênticos em natureza, mas diferentes em grau; os extremos se tocam; todas as verdades são meias-verdades; todos os paradoxos podem ser reconciliados."* O Caibalion. Um grande estabelecimento de ordem e equilíbrio entre as forças complementares, pois tudo no universo criado é dual, caso contrário não existiria essa realidade. É como querer ligar uma tomada somente com o polo positivo sem o negativo; não acontecerá absolutamente nada.

Trazendo isso para a nossa realidade, percebemos que, quando buscamos acertar o alvo, fazer o que na Cabala chamamos de *tikun* (reparação, restauração, conserto) em nossa vida, reparando tudo aquilo que precisa ser reparado, logo entra em cena uma força contrária trazendo desânimo, procrastinação, negativismo, baixa autoestima e sensação de fracasso e insatisfação com tudo, de forma que não conseguimos explicar racionalmente esses sentimentos. Isso corresponde ao que chamamos na Cabala de força contrária, *satan* (oponente ou adversário), que na verdade não tem a função de destruir e arruinar, mas sim de fortalecer-nos através da lembrança de quem realmente somos, deuses em essência. *"Tudo posso naquele que me fortalece."* Filipenses 4.13

É muito comum no início da jornada do estudante de Cabala, acontecer eventos sucessivos, visando atrapalhar o seu desenvolvimento. Por exemplo: quando esse se dispõe à disciplina de estudo e meditação em determinadas horas do dia, justamente nesses períodos acontecerão coisas inusitadas com o intuito de atrapalhar o seu desenvolvimento. Mas são essas dificuldades proporcionadas pela força contrária que despertarão em cada um de nós um espírito inabalável, fortalecido de forma consciente de sua missão e propósito, como diz no Evangelho: *"porque estreita é a porta, e apertado o caminho que conduz para a vida, e são poucos os que acertam com ela."* Mateus 7.14.

Para o cabalista, a compreensão de que tudo contribui para o crescimento faz-se necessária, como relatado pelo apóstolo Paulo: *"E sabemos que todas as coisas contribuem juntamente para o bem daqueles que amam a Deus, daqueles que são chamados segundo o seu propósito."* Romanos 8.28.

O segredo da Cabala em relação a esse confronto de forças, consiste em não reagirmos, apenas observar, sentir e compreender que tudo isso faz parte do processo e da dinâmica deste mundo material instável. O que deve ser feito no momento de aflição é apenas resistir e estar presente, pois assim não criamos fagulhas intensas e contendas, e muito menos carma, na certeza de que tudo é transitório e passageiro, como dito na epístola de Tiago: *"Sujeitai-vos, pois, a Deus, resisti ao diabo, e ele fugirá de vós."* Tiago 4.7. Resistir e não reagir, ser proativo ao invés de ser reativo, ou seja, agir de forma a neutralizar a força contrária com uma ação positiva, cheia de luz, como diz o dito popular: quando um não quer, dois não brigam. Assim, anulamos a ação da força contrária e não perdemos nossa preciosa energia.

Na visão cabalística, somos deuses, e em conformidade com o texto do profeta Isaías: *"Eu formo a luz, e crio as trevas; eu faço a paz, e crio o mal; eu, o Senhor, faço todas estas coisas."* (Isaías 45.7), tudo e todas as coisas e possibilidades estão em nosso poder de ação, somos responsáveis por todos os nossos atos e devemos estar conscientes de que nada escapa à lei de causa e efeito: *"Toda a Causa tem seu Efeito, todo Efeito tem sua Causa; tudo acontece de acordo com a Lei; o Acaso é simplesmente um nome dado a uma Lei não reconhecida; há muitos planos de causalidade, porém nada escapa à Lei." O Caibalion.*

A força contrária tem a função de nos lembrar de caminhar, pois, segundo a nossa natureza, temos uma tendência a ficarmos paralisados e prostrados na chamada "zona de conforto", e às vezes é preciso uma sacudida na vida para a relembrança da nossa essência divina, e que estamos em constante movimento, como cocriadores com o Eterno.

A Cabala autêntica não prega visões triunfalistas nem teologia da prosperidade, apenas a consciência do caminho, de forma a despertarmos um espírito de discernimento, lembrando que todas as coisas fazem parte da evolução e encontram-se além do bem e do mal, rumo ao despertar do messias interior até atingirmos o despertar coletivo e assim estabelecer o que foi dito no livro do Apocalipsc: *"Vi novo céu e nova terra, pois o primeiro céu e a primeira terra passaram, e o mar já não existe."* (Apocalipse 21.1), lembrando que o conceito de mar na Bíblia era considerado alegoricamente lugar de trevas e do desconhecido.

Uma tradição de buscadores

"Não sou aquele que sabe, mas aquele que busca."
Hermann Hesse

O maior benefício que a Cabala nos oferece é a injeção de luz em nossa vida através do contato com esses ensinamentos terapêuticos. O segredo para recebermos essa luz, é possuir o desejo de compartilhá-la com todos que se encontram presentes em nossa vida, seja na família, no ambiente de trabalho, no ambiente de estudos e no mundo em geral. A luz não pode ser contida em apenas um recipiente, é preciso que ela circule de forma a expandir sua propagação, tornando-se como um sol, que vem iluminar a todos sem exceção produzindo vida, amor e plenitude.

O termo messias, muito usado na Cabala, nada mais é do que o despertar dessa luz dentro de cada um, que também pode ser chamada de luz crística, búdica etc., é o despertar da consciência, que se dá primeiro no âmbito individual (processo de individuação, segundo C. G. Jung) e quando expandida pela humanidade estabelece o despertar coletivo, ou elevação da massa crítica planetária (messias coletivo). Logo, para a Cabala, messias não é nenhuma pessoa, líder religioso ou algum avatar, e sim o despertar interior nos níveis individual e coletivo para um novo padrão de consciência, um novo paradigma pautado na comunhão e na partilha e não mais na competição, como tem sido até hoje desde a Revolução Industrial e a ascensão do capitalismo, quando foi estabelecida uma cultura pautada no consumismo, no ter ao invés de ser.

A tradição cabalística sempre foi reservada a muito poucos em função do perigo do mau uso desses conhecimentos para benefícios egoístas e gananciosos; infelizmente é ainda praticada intensamente hoje em dia por um pequeníssimo grupo que controla os recursos do nosso tão sofrido planeta. Mas a era da noite (trevas da ignorância e do egoísmo) está passando e estamos entrando na era do dia, também chamada a Nova Era, não essa que veio como modismo esotérico junto com a geração *hippie* dos anos 60 para cá e continua predominando nos dias de hoje, inclusive disseminando uma Cabala popular, pragmática e direcionada para uma cultura de superfície, com fins puramente lucrativos, mas uma Nova Era pautada no esoterismo sério, ou seja, na busca interior, na reforma íntima, despertando o Eu Superior, o renascimento do Ser, que por séculos foi sufocado pelos sistemas de crenças dominantes por todo o mundo.

Uma abordagem cabalística autêntica é pautada no autoconhecimento, na jornada interior rumo ao Ser, proporcionando o despertar e a maturidade espiritual. Isso ocorre quando, através do contato com os ensinamentos cabalísticos, tomamos consciência da nossa essência, a lembrança de nós mesmos, do nosso Eu verdadeiro. Assim estabelecemos a conexão com a grande consciência cósmica. Assim, as respostas para as perguntas fundamentais sobre os propósitos da vida começam a fazer sentido. O segredo do verdadeiro cabalista é conhecer-se a si mesmo e não mais viver identificado com as impressões externas mundanas manifestadas através de pensamentos, emoções e atos instintivos.

Um pequeno texto do poeta romano Marcus Manilius, que viveu no período do imperador romano Augusto César, no século I d.C. para uma profunda reflexão sobre as identificações e desejos:

"Por que gastar os anos de nossas vidas preocupando-se? Por que nós nos torturamos com medos e desejos vãos? Ficamos velhos muito antes do tempo pelas constantes ansiedades, e perdemos a vida que buscamos prolongar. Visto não haver limites aos nossos desejos, nunca somos felizes. Quanto mais alguém tem, mais pobre

ele é, porque ele sempre deseja mais: ele não percebeu que aquilo que ele tem são apenas desejos por aquilo que ele não tem. Necessidades e demandas da natureza são em si pequenas, mas nós, em nossas preces, construímos uma estrutura enorme da qual cairemos. Com os nossos lucros compramos luxos, e com a vida de luxúria, exortação. O preço final da riqueza é consumir a riqueza."

Dois níveis de divulgação

"Entrai pela porta estreita; porque larga é a porta, e espaçoso o caminho que conduz à perdição, e muitos são os que entram por ela; E porque estreita é a porta, e apertado o caminho que leva à vida, e poucos há que a encontrem." Mateus 7.13-14

A Cabala nos disponibiliza as ferramentas necessárias para o autodesenvolvimento do Ser, através do autoconhecimento, ou seja, conhecer a si mesmo corresponde ao conhecimento de toda a dinâmica e práxis do universo, como estava escrito no pórtico do Oráculo de Delphos: *"Conhece-te a ti mesmo e conhecerás o universo e os deuses."*

Através dos séculos, chegando até os nossos dias, a Cabala continua sendo divulgada através de dois níveis distintos. O primeiro em nível popular (Cabala popular), considerado como o círculo exterior (exotérico), onde se prega o triunfalismo, a conquista de benefícios temporários como prosperidade, portas abertas, oportunidades de vitórias e conquistas através de práticas "religiosas" insidiosas, junto com orações, jejuns, preces, uso de talismãs e amuletos, magias e sortilégios, alimentando apenas o ego daqueles indivíduos desejosos ainda pouco ou não evoluídos espiritualmente, que simpatizam com o ambiente de mistério e espiritualidade mas ficam apenas na superfície, esperando por benefícios próprios.

O segundo nível corresponde ao círculo interior (esotérico), onde é apresentada a Cabala em seu nível mais profundo, primordial, trabalhando com os arquétipos fundantes do universo e do Ser, voltada para aqueles que se encontram despertos, maduros, já fartos da vida ordinária, conscientes de que tudo aqui neste mundo não passa de pura ilusão, e é tudo transitório e passageiro, como diz o místico e padre jesuíta, Pierre Teilhard de Chardin: *"Não somos seres humanos vivendo uma experiência espiritual, somos seres espirituais vivendo uma experiência humana."*

A representação na Torá desses dois níveis da Cabala é bem explícita na passagem de Esaú e Jacó, filhos de Isaque em Gênesis 25.27-34: Esaú, diante da fome (desejos temporários movidos pelos instintos mais primitivos), abre mão de sua primogenitura (herança espiritual) por um prato de lentilhas, ou seja, Jacó fica com a melhor parte, lembrando também da água viva que Jesus diz que quem dela bebe não terá mais sede (João 4.14), ao contrário de Esaú, que foi movido apenas pelos desejos instintivos e oportunos, abrindo mão do autoconhecimento, ficando escravizado pelos seus impulsos sem evoluir, querendo apenas receber. A Cabala de natureza esotérica fala o contrário, que devemos inverter as polaridades do desejo egoísta para o desejo de compartilhar, ou seja, o cabalista maduro já não se compraz em buscar bênçãos, oportunidades e prosperidade apenas para si, e sim, alcançando essas através do compartilhar altruísta, lembrando que nada nos pertence em definitivo, estamos aqui de passagem rumo à Luz e todo o resto é apenas por empréstimo para podermos cumprir o propósito maior que é nos tornarmos Um com o Criador.

Em síntese, os dois caminhos percorridos pela Cabala, tanto a popular quanto a primordial, fazem parte do processo de evolução, mas não podemos viver eternamente como crianças mimadas, cheias de caprichos e vontades, precisamos despertar, amadurecer, assumirmos as responsabilidades pelos nossos atos, de acordo com a pergunta bem reflexiva do Dr. S. Freud: "Qual a sua responsabilidade na desordem da qual você se queixa?". Somente assim poderemos fazer a metamorfose, deixar de ser uma lagarta desejosa e cheia de caprichos e tomar coragem para ganhar as asas da liberdade simbolizada pela borboleta e assim alcançar voos mais elevados rumo ao encontro do nosso Eu Superior, o nosso verdadeiro EU SOU.

O propósito do trabalho do cabalista consiste em auxiliar as pessoas a despertarem dentro de si o espírito de discernimento sobre essas duas realidades, levando-os ao segundo nível da Cabala através do autoconhecimento, promovendo uma transformação e uma reforma íntima genuína de forma a não ser apenas mais um na multidão dos que dormem e são guiados mecanicamente por seus impulsos e instintos.

Os benefícios desses conhecimentos

"O propósito da Cabala é reunir aquilo que se encontra fragmentado dentro de nós, dando um centro àquilo que está desperto, superando o distanciamento entre o humano e o divino, entre o Ser e o mundo que o cerca, proporcionando bem-estar, harmonia e qualidade de vida." Kadu Santoro (adaptado do pensamento do teólogo Paul Tillich)

O primeiro benefício proporcionado pela Cabala é a recordação da situação em que nos encontramos, num estado de sono, e de que é preciso despertarmos para uma realidade superior através da lembrança de nós mesmos e da nossa relação com o universo, ou melhor, com a fonte de luz primordial, pois vivemos no mundo do 1% (realidade tempo x espaço) e precisamos aprender a nos conectar com o mundo dos 99% (totalidade), onde passamos a ter acesso aos Registros Akáshicos, o grande HD cósmico, onde tudo encontra-se registrado e acessível a todo momento àqueles que o procuram.

Outro aspecto positivo da Cabala é que seus ensinamentos capacitam o indivíduo para uma mudança considerável de vida, mais positiva, eliminando padrões repetitivos e sistemas de crenças limitantes.

A Cabala também nos oferece a poderosa ferramenta da meditação, com o intuito de apaziguar a nossa mente inquieta, proporcionando o despertar das faculdades intuitivas e nos trazendo para a atenção plena, aumentando o nosso poder de raciocínio, memória e criatividade. A partir desse processo de despertar, você passa a ter uma percepção expandida dos diferentes níveis de realidade, inclusive restabelecendo a percepção metafísica e a capacidade de abstração.

Outro benefício da Cabala é o alinhamento do seu Ser (individuação) com o Cosmos (totalidade) – como disse Jung: *"o objetivo não é atingir a perfeição, mas sim a totalidade."* – despertando dentro de si o desejo de receber luz duradoura com o intuito de compartilhar, ou seja, você passa a ser uma pessoa muito mais generosa e misericordiosa perante o mundo, de forma que a sua luz atrairá padrões vibratórios elevados para você e aqueles que encontram ao seu redor. Em um nível mais elevado, a Cabala tem o poder de ativar o nosso DNA extrafísico, proporcionando a eliminação do caos em nossa vida.

A evolução através da Cabala dependerá exclusivamente do seu desenvolvimento, do seu interesse sincero, de sua disciplina em cima dos estudos e práticas direcionadas e da sua relação consigo mesmo estabelecida através do autoconhecimento, ou seja, quanto mais você se empreender em se conhecer, assumindo todas as responsabilidades pela sua existência, não culpando ninguém e suspendendo toda forma de juízo, apenas observando o processo, logo você estará vivendo em um novo padrão vibratório, como Jesus disse: *"Eu e o Pai Somos Um."* João 10.30

O percurso e o trabalho da Cabala

"São infinitos os caminhos que nos conduzem ao Criador, seja ele filosófico, religioso ou científico, ou até mesmo através da mescla dos três. A certeza é que, de alguma forma e em determinado tempo, chegaremos ao status de espíritos perfeitos em comunhão plena com o Criador, que é a própria Consciência Suprema."
Kadu Santoro

A Cabala consiste em um desses caminhos, abrindo muitas portas e respondendo a uma infinidade de perguntas de ordem interior (esotérica) e exterior (exotérica), utilizando-se das leis e princípios universais.

Os princípios cabalísticos encontram-se presentes em quase todas as culturas espiritualistas e religiosas do mundo, consistindo em um verdadeiro acervo de arquétipos fundantes implícitos por trás de mitos, lendas, símbolos, fábulas, rituais e cosmogonias.

A primeira e talvez a mais antiga é a Cabala Egípcia (KABASH[4]), praticada pelos magos e sacerdotes do Antigo Egito, essa que teria sido transmitida a Moisés e sobre que temos muito poucas informações. Essa Cabala é extremamente reservada e, segundo alguns pesquisadores, existem pouquíssimos representantes dessa escola esotérica egípcia.

A segunda vertente cabalística é a hebraica (QABBALAH), essa que foi conservada e transmitida oralmente para um grupo

---

4   Kabash é um conjunto de ensinamentos e práticas místicas que tem sua origem no Antigo Egito. Essa sabedoria praticada pelos antigos sacerdotes do Nilo, ensina o homem a canalizar sua força interior para atingir um estado de superação em todos os planos da vida.

bem seleto de iniciados durante séculos, até os dias de hoje. Reza a lenda que essa tradição começou a ser difundida pelo Patriarca Abraão através do livro Sêfer Ietsirá – O *Livro da Criação*, que teria recebido esses ensinamentos de épocas remotas desde Adão, passando a Enoque e sendo difundida por meio da Ordem de Melquisedek inspirada pelo anjo Haziel.

A terceira vertente corresponde à Cabala Hermética, ou também chamada de Cabala Cristã, que surgira a partir do século XIII, através de grandes expoentes da mística e espiritualidade de seu tempo, como Giovanni Pico della Mirandola, Jacob Boehme, Marsilio Ficino, Johannes Reuchlin, Athanasius Kircher, Robert Fludd, Raimundo Lúlio, Stanislas de Guaita, entre outros.

O trabalho da Cabala tem por finalidade nos orientar sobre quem somos, de onde viemos e para onde vamos, explicando que há várias dimensões que nos permeiam e encontram-se ao mesmo tempo ao nosso redor, de acordo com os princípios modernos da física quântica, onde já não se fala mais em universo e sim e multiversos.

A Cabala também nos revela que a morte não existe, pois somos de origem divina e logo não possuímos fim. Nesse processo não existe espaço para a involução, pois tudo que existe dentro dos múltiplos universos encontra-se em constante movimento na forma espiral ascendente (arquétipo simbólico do chapéu cônico do Mago).

Como em todas as teologias, na Cabala também temos dois aspectos formativos, o arquitetônico e o hermenêutico, onde o primeiro está relacionado com as revelações de seus arquétipos através das leis imutáveis do universo, enquanto o segundo possui caráter filosófico, buscando interpretar e dar sentido a essas leis por meio da linguagem dentro dos preceitos antropológicos, psicológicos e sociológicos.

De acordo com essa visão, o Cabalista Gershon Scholem diz: "*Cada homem tem seu próprio e único acesso à Revelação. A autoridade não mais reside em um singular e inequívoco significado da comunicação divina, mas na sua infinita capacidade de assumir formas novas."*

Em função disso a Cabala também é chamada de "Sabedoria Oculta", pois seus ensinamentos são perenes e sua revelação tem caráter íntimo, pessoal, visando ao despertar da consciência para níveis mais sutis de evolução, como diz um preceito cabalista: *"Existem entre os homens vários níveis de evolução e vários níveis de compreensão."*

Recomendações para o início da jornada

"O único pré-requisito para estudar a Cabala é o desejo sincero de descobrir o significado da vida." Rav Michael Laitman

Para quem deseja ingressar na senda da Cabala, em especial a hebraica, o ponto de partida é começar a estudar a Torá, também chamada de Chumash (O Pentateuco), os cinco primeiros livros da Bíblia Hebraica, com autoria atribuída à Moisés, que são Gênesis (Bereshit), Êxodo (Shemot), Levítico (Vayikrá), Números (Bamidbar) e Deuteronômio (Devarim), onde se encontram os 613 preceitos da Lei Mosaica.

O segundo livro a ser estudado pelo neófito cabalista, é o *Livro da Criação* (Sêfer Ietsirá), que tem por base os manuscritos do Rabi Isaac Luria (ARI), que explica a existência de 32 caminhos da sabedoria, vias ocultas, falando sobre as dez sefirot da Árvore da Vida e as 22 letras do alfabeto hebraico.

O terceiro caminho a seguir, é o estudo do Zohar (Sêfer Ha Zohar), também chamado de *Livro do Esplendor*, que é sem dúvida a obra mais sagrada para os cabalistas e onde se encontra toda a dimensão mística do judaísmo fundamentada na Torá. Essa obra é composta por 22 tomos, correspondentes às 22 letras do alfabeto hebraico. O Zohar é considerado pelos cabalistas como a espinha dorsal da Cabala, também chamada de Chochmá há emet – A Sabedoria da Verdade.

A partir desse tríplice percurso, sugiro a leitura de alguns livros adicionais como o Sefer Ha Bahir (O Livro da Iluminação), o Talmude composto pela Mishná[5] e a Guemará[6].

---

5   Torá oral.
6   Comentários e análises rabínicas da Mishná.

A partir desses estudos teremos como compreender que os cabalistas nos falam da realidade do mundo espiritual através da linguagem dos ramos e das raízes. Nós, que vivemos no mundo dos resultados e das causas e efeitos, ou seja, no mundo do 1%, só possuímos a compreensão dos ramos, pois não temos acesso ao mundo das raízes ou dos 99%, ou seja, do mundo espiritual, onde tudo é criado e concebido. Logo, o estudo da Cabala tem como objetivo promover um itinerário para que todos tenham acesso ao Criador; esse caminho da alma consiste em 125 etapas de forma alegórica, e somente um cabalista que passa por todas passa a ter em seu íntimo um ardente desejo de compartilhar o que colheu nessa jornada com a humanidade.

Cronologia do desenvolvimento da Cabala através dos séculos

"*A raiz da disseminação, a difusão da sabedoria da Cabala, encontra-se na conexão entre as almas.* Após o rompimento da *klipots (recipientes) e separação devido ao egoísmo mútuo,* as almas têm que se reunir. É um "quebra-cabeças" que temos que *remontar,* é desta forma que vamos conhecer o Criador da alma comum." Rav Michael Laitman

CRONOLOGIA	CABALISTA	DESCRIÇÃO
Antes da Era Cristã	Abraão (aprox. 1.900 a.C.)	Conforme o Sêfer Ietsirá, ele teria sido o primeiro a receber a tradição da Cabala
	Moisés (aprox. 1.200 a.C.)	Iniciado nos mistérios do Egito e compilador do decálogo, estrutura primordial da Cabala.
Século I	Rav Akiba Ben Joseph	Mestre espiritual de Shimon Bar Yohai. Iniciou seus estudos de Cabala a partir dos 40 anos, e foi morto pelos romanos.
Século II	Rav Shimon Bar Yochai	Segundo a lenda, ele é autor do Zohar, e teria escrito toda a obra durante treze anos confinado em uma caverna com o filho.
	Rav Abba	Aluno de Shimon Bar Yochai. Ainda segundo a lenda, ele teria colocado por escrito todas as palavras sob a forma do Zohar.
Século X	Donolo Shabatai	Cabalista italiano, grande estudioso de astrologia e matemática.

CRONOLOGIA	CABALISTA	DESCRIÇÃO
Século XIII	Isaac o Cego de Narbonne (Posquièrre)	Chamado de "Pai da Cabala". Criador dos nomes das sefirot.
	Abraão Ben Isaac (Ramban Nachmanides)	Cabalista espanhol, autor de hinos e orações cabalísticas.
	Abraão Ben Samuel Abulafia	Cabalista espanhol, precursor da Cabala Profética.
	Moisés Ben Nachman (Ramban)	Comentarista do Sêfer Ietsirá e um dos maiores sábios cabalistas de sua época.
	Bahya Ben Asher Ben Hlava	Cabalista espanhol, autor de inúmeros trabalhos sobre Cabala.
	Moisés Shem Tov de Leon (Moshé de Leon)	"Encontrou" ou teria escrito o Zohar, então atribuído a Shimon Bar Yochai.
	Joseph Ben Abraham Gikatilla	Cabalista espanhol, responsável pela sistematização ordenada da estrutura interna dos ensinamentos e simbolismo da Cabala
Século XV	Giovanni Pico Della Mirandola (Cabalista Cristão)	Filósofo neoplatônico e humanista do Renascimento italiano. Considerado como o primeiro cabalista cristão estudioso dessa tradição.
	Cornelius Agrippa de Nettesheim	Cabalista alemão. Considerado o primeiro estudioso sério, ou menos influenciado pelas lendas fantasiosas que permeiam os ensinamentos da Cabala.
Século XVI	Moisés Cordovero	Um dos grandes cabalistas de Safed, na Palestina. Autor do Pardes Rimonin (O Jardim das Romãs), um dos textos mais criativos sobre a Cabala.
	Joseph Karo	Conhecido por seus escritos sobre visões e revelações apenas possíveis através da Cabala.
	Shlomo Halevi Alkabetz	Natural da Salônica, na Grécia. Fundador do círculo de Cabala naquela região. Contemporâneo de Joseph Karo e Isaac Luria.

CRONOLOGIA	CABALISTA	DESCRIÇÃO
Século XVI	Isaac Ben Solomon Ashkenazi Luria - O Arizal - (O Leão Sagrado)	Oriundo da Palestina. Atribui-se a ele um grande número de doutrinas coletadas pelo seu discípulo Chaim Vital. Desenvolveu o sistema da Árvore da Vida e até hoje o seu método prevalece.
	Naphtali Herz Ben Jacob Elhanan	Cabalista alemão, inspirador de Johannes Valentinus Andreae, com o seu livro *O Vale dos Reis*. Andreae, também alemão, hebraísta e estudioso de Cabala, teria escrito o livro *Kabbala Denudata*, sob o pesudônimo de Christian Knorr Von Rosenroth.
Século XVII	Aaron Berekiah Ben Moshé de Modena	Cabalista italiano famosos pelo seu livro *Cruzando o Yabok*, um dos mais profundos conceitos em Cabala.
	Moshé Ben Mordecai Zacuto	Cabalista e poeta, filho de portugueses marranos, nasceu em Amsterdam, Holanda. Autor de inúmeros escritos sobre Cabala.
	Hayim Attar	Conhecido sobretudo pelo seu comentário bíblico *A Luz da Vida* (Or-Ha-Hayim) baseado em conhecimentos da Cabala.
	Jacob Ben Hayyim	Nasceu em Portugal. Estabeleceu-se em Safed na Palestina. Autor de inúmeros trabalhos sobre o Zohar.
	Abraham Ben Mordecai	De família cabalista, escreveu três tratados sobre o Zohar.
	Robert Fludd (pensador cristão)	Cabalista inglês. Um dos pioneiros a ver a Cabala de forma diferente dos judeus, estudou e escreveu com esta nova visão.
	Henri Moore	Filósofo inglês, estudioso de Cabala que se correspondeu com Johannes Valentinus Andreae sobre o assunto. É um pouco menos interessante que Robert Fludd.
	Johannes Valentinus Andreae	Alemão, um dos supostos autores do livro *Kabbala Denudata*. Presume-se que seja o fundador da Ordem Rosacruz.

CRONOLOGIA	CABALISTA	DESCRIÇÃO
Século XVIII	Moisés Hayim Luzzatto (RaMChal)	Cabalista e poeta italiano. Um dos maiores pensadores judeus dos últimos séculos. Autor de várias obras importantes e empregadas até hoje. Sua obra em português chama-se *O Caminho de Deus*.
	Eliahu, Gaon de Vilna	Mais conhecido como *Ha-Gra*, escreveu 80 volumes sobre a Cabala e seus escritos ainda são bem aceitos hoje em dia.
	Israel Ben Eliezer Ba'al Shem Tov	Fundador do hassidismo, corrente ultraortodoxa do judaísmo. Considerado um dos seus grandes sábios.
Século XIX	Abade Alphonse Louis Constant (Eliphas Levi)	Autor de inúmeros livros e tratados de Cabala, ainda de muita importância para os estudos nos dias de hoje.
	Gérard Anaclet Vincent Encausse (Papus)	Médico francês estudioso da Cabala. Autor de inúmeros livros que, juntamente com Levi, percebeu a semelhança de estrutura da Cabala com o Tarô propondo a sua justaposição, posteriormente seguida pela Ordem da Aurora Dourada (Golden Down).
Século XX	Rav Yehuda Ashlag	Pioneiro do cabalismo moderno.
	Gershom Gerhard Scholem	Teólogo, historiador e filósofo judeu-alemão, membro da Escola de Frankfurt. Especialista em mística judaica e conhecido como fundador do moderno estudo da Cabala. Foi o primeiro professor de misticismo judaico na Universidade Hebraica de Jerusalém.
	Aryeh Kaplan	Judeu norte-americano. Faleceu cedo, aos 44 anos. A sua obra é brilhante e erudita, destacando-se o seu *Séfer Ietsirá*, *O Livro de Bahir*, *Meditação* e *Cabalá e Meditação Judaica*.

Cronologia do desenvolvimento da Cabala através dos séculos | 61

CRONOLOGIA	CABALISTA	DESCRIÇÃO
Século XX	Alberto Lyra	Brasileiro. Profundo pesquisador e conhecedor da tradição cabalística. Deixou um livro mandatário: Qabalah (Ed. Ibrasa)
	Z'ev Ben Shimon Halevi	Talvez o mais prolífico dos autores modernos e o menos hermético. Ainda asssim é difícil lê-lo sem uma "iniciação". É um grande e respeitado professor de Cabala.
	Dr. Rav Michael Laitman	Foi discípulo e assistente pessoal do Rav Baruch Ashlag, filho do Rav Yehuda Ashlag, autor do renomado Sulam (escada). Dr. Laitman segue os passos da missão de seu mestre, promovendo a disseminação da sabedoria da Cabala pelo mundo. É o fundador do Instituto Bnei Baruch.
	Rav Philip S. Berg	Cabalista norte-americano, discípulo de Rav Brandwein. Autor de diversos livros sobre Cabala e fundador do Kabbalah Centre, uma instituição de ensino e disseminação da Cabala que utiliza de métodos práticos.
	Chaim David Zukerwar	Cabalista uruguaio. Começou seus estudos de Cabala ainda na adolescência e conheceu seu mestre e sábio caballsta, Rav Mordechai Shainberguer, em 1988, quando aprofundava seus conhecimentos em seminários rabínicos de Jerusalém, cidade para a qual transferiu-se definitivamente em 1989.
	Prof. Simhon Moussa	Brasileiro, professor e engenheiro, 1944-2014. Descendente de cinco gerações de rabinos, teve a oportunidade desde criança de se instruir no estudo da Cabala. Autor dos livros *Árvore da vida – Cabala, Ciência ou Misticismo?* e *Filosofia da Cabala*.

CRONOLOGIA	CABALISTA	DESCRIÇÃO
Século XX	PhD. Daniel C. Matt	Profundo estudioso da Cabala. Professor de Espiritualidade Judaica, atualmente uma das principais autoridades no campo de pesquisas da Cabala, com ênfase no *Livro do Zohar*. Publicou dez livros, incluindo o *Zohar – O Livro da Iluminação*; *A Cabala Essencial – O Coração do Misticismo Judaico*, e *Deus e o Big Bang: Descobrindo a Harmonia entre Ciência e Espiritualidade*.
	Moshe Idel	De origem romena. Historiador e filósofo do misticismo judaico. Professor emérito em Pensamento Judaico na Universidade Hebraica em Jerusalém, e pesquisador sênior no Instituto Shalom Hatman. Publicou um livro essencial onde investiga de forma fenomenológica a evolução da Cabala: *Cabala – Novas perspectivas*.

A origem etimológica da palavra Cabala

"*A Cabala é o ensinamento do porquê.*" Sigalith H. Koren

A palavra Cabalá, QaBaLaH, QBLH, קבלה (hebraico), 𐤒𐤁𐤋𐤄 (paleo-hebraico), também escrita como *Kabbalah* ou *Qabbalah*, provém do verbo LQBL, לקבל, *lekabbel* que significa recebimento, transmissão ou tradição. Esse recebimento ou tradição consistia na transmissão dos ensinamentos secretos da Torá, de mestre para aluno de forma oral, revelando a esse os mistérios e as complexidades da natureza divina, do universo e da alma humana, tanto do mundo material quanto do mundo espiritual.

Essa transmissão só estava disponível para aqueles que se encontravam realmente prontos para receber, como diz um antigo axioma hermético: "*Os lábios da sabedoria estão fechados, exceto aos ouvidos do Entendimento.*" – O Caibalion. Ao longo da história da humanidade, essa tradição sempre foi restrita aos iniciados, como relatado no Evangelho: "*Então, os discípulos se aproximaram dele e perguntaram: Por que lhes falas por meio de parábolas? Ao que Ele respondeu: Porque a vós outros foi dado o conhecimento dos mistérios do Reino dos céus, mas a eles isso não lhes foi concedido.*" Mateus 13.10-11.

Definições

"O "Princípio" ampliou-se e fez um palácio para si mesmo, para a glória e louvor. Ali semeou a semente sagrada... Assim que a semente entrou, o palácio encheu-se de luz. Dessa luz jorraram outras luzes, centelhas voando pelos portais e dando vida a tudo."
O Zohar

Fundamentado no princípio de Sócrates, de que *"Sábio é aquele que reconhece os limites da própria ignorância"*, a Cabala é uma poderosa ferramenta para despertar a reflexão, o poder de indagar e questionar, e principalmente o autoconhecimento, ou seja, o *"Conhece-te a ti mesmo"*, de forma a trazer a tona o verdadeiro conhecimento que vem de dentro (esotérico), pois o único bem é o saber e todo o mal, a ignorância.

São inúmeras as definições para a Cabala. O mais importante é destacar alguns pontos de vista sobre esses ensinamentos. Utilizando-se como exemplo a ciência da computação, podemos dizer que a realidade manifesta (mundo do 1%) é representada pelos *softwares* e interfaces, enquanto que a Cabala, consiste no *background*, um programa em código de máquina, que atua através de uma sequência de *bytes* que se comunicam por meio de instruções (Leis Cósmicas) a serem executadas pelo processador (Árvore da Vida). As instruções do processador, chamadas de *opcodes*, são representadas por valores em hexadecimal (números que segundo a Cabala construíram o universo conforme o *Livro Sêfer Ietsirá*).

Como o propósito deste livro é apresentar a Cabala sendo um caminho de livre autoiniciação, através do autoconhecimento, longe das formalidades, dogmas e observâncias religiosas, vamos ver abaixo algumas visões distintas sobre essa tradição.

Visão universalista

"*A Cabala é uma sabedoria universal. Ela não pertence única e exclusivamente ao povo judeu, mas é uma sabedoria que foi absorvida no decorrer dos milênios por todos os povos, e é encontrada na maioria dos povos do mundo. Basicamente, a Cabala é uma ciência e uma sabedoria que visa produzir respostas para questões que, para a maioria das pessoas, não têm explicação.*" Rabino Mishael Yehuda Halevi

"*A Cabala é a ciência de Deus e da alma em todas as suas correspondências. Ela ensina e prova que tudo está em um, e que um está em tudo; por meio da analogia, sobe da imagem ao princípio e desce do princípio à forma.*" Francisco Valdomiro Lorenz

"*Aquilo que é recebido. Aquilo que não pode ser conhecido apenas através da ciência ou da busca intelectual. Um conhecimento interior que tem sido passado de sábio para aluno desde o despertar dos tempos. Uma disciplina que desperta a consciência sobre a essência das coisas.*" Tradição Judaica

Visão prática

"*A Cabala é uma sabedoria milenar que revela como o universo e a vida funcionam. A palavra Cabala significa "receber". Através dos ensinamentos cabalísticos, aprendemos como receber plenitude infinita em nossas vidas. Muito além de um estudo teórico, a Cabala é uma prática para criarmos uma vida e um mundo melhor.*" Rav Yehuda Berg

Visão Judaica

"Dentro da visão judaica, define-se Cabala como a tradição esotérica e mística dos hebreus. Ela era de uso exclusivo dos sacerdotes e iniciados. Para o povo era oferecida apenas a leitura do Antigo Testamento (Torah), de forma jurídica e moral, além das recomendações de saúde e sanitarismo ausentes no misticismo judaico."

"Esse conhecimento sagrado era inicialmente transmitido de forma oral. Somente a partir da era cristã os rabinos passaram a registrar por escrito essa tradição, devido à dispersão dos judeus (diáspora) pelo continente mediterrâneo, que ameaçava com a perda deste conhecimento."

Visão ecumênica

"A Cabala contém a chave do problema religioso moderno, porque ela favorece a aproximação tão desejada pelos homens de paz entre as três grandes religiões monoteístas: o judaísmo, o cristianismo e o islamismo. Foi a Cabala que uniu o hebraísmo e o cristianismo. Foi também a Cabala que uniu o hebraísmo ao islamismo. Distinguindo claramente entre monoteísmo universalista e monoteísmo mosaico, a Cabala tem condições de ser o instrumento ideal para a união entre Israel a cristandade e o Islã."
Adolf Dimitri Grad

Influências do pensamento cabalístico

"Adapto-me ao Egito de Osíris ou à Pérsia de Mitra, compreendo os mistérios dos Gregos ou a loucura Sábia dos puros e verdadeiros Gnósticos, Sou o Nirvana dos Budistas, sou o olho de Odin, *o Urso Polar, a Luz de Quetzacoatl, a Serpente emplumada, sou o Voo da Águia Altaneira, o olho de Shiva, o olho de Dagma que a tudo vê.*" Extrato do poema "A Luz das Luzes"

Embora a Cabala, como hoje é conhecida, tenha sido sistematizada dentro do domínio do pensamento místico judaico, a partir do século II d.C., os cabalistas judeus buscavam explicações para questões de difícil compreensão sobre o universo, Deus e suas relações com o homem, dentro do Pentateuco de Moisés (Torá), recorrendo às combinações e permutações das letras do alfabeto hebraico e os métodos da *alegorese*[7] que consistiam em tirar os véus da interpretação literal, buscando intepretações mais elevadas em nível esotérico, ou seja, buscavam o sentido interno do texto, que se encontrava escondido, somente compreensível àqueles que eram iniciados nos mistérios da Cabala. Mas é preciso antes retornarmos na história das civilizações pelo menos uns 1.800 anos a.C., principalmente nas regiões da mesopotâmia com os assírios, persas, babilônios e sumérios, assim como as comunidades da África, tendo fortes influências da civilização egípcia e dos povos do mundo helênico com a cultura greco-romana.

A Cabala consiste em um amálgama dessas culturas, onde podemos perceber fortes influências do pensamento de cada uma delas, como por exemplo, as questões especulativas sobre a natureza do mundo físico proposta por Platão em sua obra *Timeu*, a

---

7   Método crítico de interpretação alegórica dos textos. Este método foi frequentemente praticado na exegese bíblica, pelo menos até à Idade Média, podendo, no entanto, o termo aplicar-se a qualquer interpretação textual que se concentre na alegoria. É um recurso literário que se baseia no significado oculto das palavras. Desta forma, uma narração com uma mensagem aparente esconde uma mensagem paralela diferente. Normalmente, as histórias alegóricas contam histórias simples sobre indivíduos e animais, mas no fundo se trata de uma reflexão sobre ideias abstratas.

metempsicose e o conceito de reminiscência da alma, do mesmo filósofo, onde se inicia a ideia da reencarnação, chamada pelo cabalista Isaac Luria de *gilgul ha-neshamot*, a influência da astrologia, oriunda da cultura caldaico-assíria, o conceito de forças opostas do universo, *satã*, o adversário, herdado da cultura persa, os mistérios herméticos do Egito que virão a compor o Tarô, a gematria e a numerologia cabalística, influenciada pelo neopitagorismo e principalmente a forte influência do gnosticismo, essa corrente de pensamento que se encontra presente em pelo menos 50% dos princípios cabalísticos. Tudo isso vem demonstrar que por trás de todas essas culturas, existe um fio condutor que as interliga, chamado de Grande Sabedoria Universal, teoria defendida pela sistematizadora da Doutrina Teosófica, Helena P. Blavatsky.

PARDES
Os quatro níveis de interpretação das Escrituras

"*Os rabinos ensinaram: Quatro entraram no Pardes. Eles eram Ben Azzai, Ben Zoma, Acher e Aquiba. Aquiba disse-lhes: "Quando você chegar ao lugar de pedras de mármore puro, não diga: Água! Água! porque se diz: 'Aquele que fala inverdades não se colocará diante dos meus olhos' (Salmos 101: 7)". Ben Azzai olhou e morreu. Quanto a ele, o versículo declara: "Preciosa aos olhos de D'us é a morte de Seus piedosos" (Salmos 116: 15). Ben Zoma olhou e foi ferido. Quanto a ele, o versículo declara: 'Você encontrou mel? Coma o quanto você precisar, para que você não fique cheio e vomite" (Provérbios 25:16). Acher cortou as plantações. Aquiba entrou em paz e saiu em paz.*"[8]

Os quatro Tannaim (sábios mishnaicos do século I e II) mencionados na Aggadá acima, correspondem a uma alegoria que fala a respeito da restrição de transmitir ensinamentos místicos (Cabala), apenas para discípulos particularmente qualificados.

A palavra Pardes em hebraico פרדס (pomar; jardim) é de origem persa, e aparece várias vezes na Bíblia. Essa palavra, segundo o Midraxe[9], se refere ao método exegético, proposto pe-

---

8   Tradição rabínica.
9   Midraxe é uma narração de fundo histórico, ornamentada pelo autor sagrado para servir à instrução teológica. O autor conta o fato de modo a destacar o valor ou o significado religioso deste fato. Sua intenção não é a de um cronista, mas a de um catequista ou teólogo. O caso do maná: em Números há uma narração de cronista, enquanto em Sabedoria é apresentado o sentido teológico do maná num midraxe. O maná era saboroso não por seu paladar, mas por ser o penhor da entrada do povo na Terra Prometida.

los sábios fariseus, de interpretação das Escrituras, dividido em quatro níveis de aprofundamento: Pshat, Remez, Drash e Sod. Logo, a palavra PaRDeS consiste em um acróstico formado com as iniciais das palavras correspondentes aos quatro níveis de interpretação das Escrituras. Esses quatro níveis de abordagem das Escrituras indicam o grau de dedicação, interesse e profundidade com que o estudante lê e compreende os textos Sagrados.

1º Nível – Pshat: Corresponde ao nível mais simples de interpretação das Escrituras e comum à maioria das pessoas. Consiste no sentido literal onde o nível de compreensão do texto é superficial, com ênfase no enredo e nos personagens da narrativa dentro da dimensão histórico-vivencial. Pegamos como exemplo a narrativa da abertura do mar Vermelho (Êxodo 14.15-30) onde se entende que esse fato teria ocorrido historicamente, ou seja, Deus abriu o mar literalmente.

2º Nível – Remez: Significa insinuação. Nesse nível o leitor começa a desconfiar que, por trás da literalidade do texto, possa existir alguma informação escondida. Também chamado de sentido alegórico, onde o foco da leitura não se encontra mais no enredo e na historicidade dos fatos, mas sim no que ele possa revelar por trás dos fatos, em um nível mais abstrato. Agora a interpretação da abertura do mar Vermelho já se encontra em um nível mais profundo, em que o leitor, compreendendo as leis da natureza, percebe que a veracidade histórica seria absurda e contraditória e que há uma mensagem por trás dessa narrativa.

As 42 gerações relatadas entre Abraão e Jesus visam destacar a simbologia do número 42 (3×14): em Cristo se cumprem todas as promessas feitas a Israel, é o Consumador da obra de Davi. D. Estêvão Bettencourt, OSB

3º Nível – Drash: Corresponde ao nível do ensinamento, sem descartar as duas formas anteriores de interpretação, a literal e a alegórica. A leitura nesse nível requer um aprofundamento maior no texto; é preciso revolver, revirar, escarafunchar, sendo necessária uma pesquisa mais cuidadosa e uma leitura mais atenta. O texto, antes obscuro, agora começa a revelar-se e dizer aquilo que estava escondido atrás das letras e no interior de suas palavras. Nesse nível é revelada a vontade divina para a humanidade, e agora o texto possui um valor ético e religioso. Agora, a passagem da abertura do mar Vermelho toma outra dimensão, reflete a vontade de Deus em libertar o homem da escravidão (Egito), promovendo a liberdade interior e a restauração de sua fé.

4º Nível – Sod: O nível mais profundo, também chamado de "místico" ou "segredo". Nesse nível de interpretação, entendem-se as Escrituras, no sentido literal, como uma casca de noz, um traje, a forma, enquanto o Sod corresponde à alma, à essência, onde a relação com Deus se estabelece no íntimo, no coração do estudante, é a via esotérica que une as realidades imanentes e transcendentes. Esse é o nível em que a Cabala opera e, para chegar a ele, é preciso de meditação e contemplação. Finalmente, a narrativa da abertura do mar Vermelho atinge o seu ápice de entendimento, onde a abertura do mar corresponde à abertura do véu do templo (Véu de Ísis), que significa o despertar da consciência para os segredos do universo, de toda a criação em seus planos visíveis e invisíveis.

"O Zohar declara: "Infelizes daqueles que veem na Torá nada mais do que simples narrativas e palavras ordinárias." A verdade nesse caso é que cada palavra das Sagradas Escrituras contém um sublime mistério codificado que, quando decifrado, revela uma riqueza de significado elevado. As narrativas descritas na Torá representam apenas as roupagens exteriores com as quais o verdadeiro

significado encontra-se encoberto. E infeliz daquele que confunde a roupagem exterior com a Essência das Sagradas Escrituras. Esta foi exatamente a ideia que fez o Rei Davi exclamar: "Abra meus olhos para que eu possa contemplar as extraordinárias coisas da sua Torá." Dr. Philip S. Berg

Modalidades da Cabala

"O que não podes explicar a outra pessoa chama-se "nistar", "oculto" – como o gosto de um alimento, que é impossível descrever para quem nunca o provou. Não podes expressar com palavras exatamente o que é: é oculto. Coisa semelhante acontece com o amor e a reverência a Deus: é impossível explicar a outrem de que modo sentes o amor em teu coração. Ele é oculto. Mas chamar a sabedoria da Cabala de "oculta" é estranho. Como oculta? Quem quiser aprender logo terá o livro à sua disposição. Quem não entender é ignorante. Para essa pessoa o Talmude também é oculto! Assim sendo, os segredos que se ocultam no Zohar e nos textos do Ari baseiam-se inteiramente no apego a Deus – para os que honram esse apego."[10]

Como vimos no capítulo anterior, a respeito dos níveis de interpretação das Escrituras Sagradas, podemos perceber que a base de transmissão dos ensinamentos na antiguidade estabelecia-se sob três pilares: histórico, moral e místico, ou seja, o literal, histórico chamado de Pshat, que corresponde metaforicamente ao corpo e ao átrio do templo; o moral, chamado Drash, que se dirige à alma do ser, correspondendo ao santo dos santos no templo; e o místico, chamado Sod, que representa o Espírito Santo, o contato direto com o grande EU SOU.

A partir de Esdras, no período do retorno do exílio da Babilônia (em torno de 450 a.C.), quando os hebreus receberam forte influência das ciências astrológicas e místicas daquele povo,

---

10 MATT, C. Daniel, *O essencial da Cabala – O coração da cultura judaica em uma nova análise acessível e inovadora*. p. 193 – Ed. Best Seller – SP – 1995.

a interpretação das Sagradas Escrituras, que até então era tripla, tornou-se quádrupla, porque, entre os sentidos literal e moral, incluía-se o sentido alegórico, Remez. O sentido místico opera no nível de interpretação cabalística, que é subdividida também em cinco modalidades:

1ª. Cabala não escrita – tradição oral: Consiste na forma mais antiga de transmissão dos ensinamentos da Cabala, remonta à tradição oral das primeiras culturas do mundo, era transmitida verbalmente pelos iniciados aos neófitos, literalmente da boca ao ouvido, muitas vezes utilizando-se de lendas, mitos e fábulas para produzir reflexão. Daí surgiu a importância da escuta atenta nos círculos esotéricos, como na escola de Pitágoras, onde o neófito permanecia por longo tempo em silêncio, apenas absorvendo os conhecimentos. Essa modalidade de transmissão era mais segura, pois permitia que os conhecimentos fossem preservados e transmitidos de geração em geração em qualquer circunstância.

2ª. Cabala teórica ou dogmática: ramo da Cabala dedicado ao estudo das tradições patriarcais com o objetivo de compreender as leis do universo através do estudo das energias espirituais oriundas de *Ain Sof*[11] e dos códigos numéricos ocultos nos textos originais. Suas fontes de pesquisa são a Torá, o Sêfer Ietsirá, o Zohar, o Livro de Bahir, além do Talmude e outras obras da tradição judaica. A Cabala teórica dedica-se aos temas mais enigmáticos das Escrituras como:
- Os mistérios da divindade;
- a criação espiritual e a queda dos anjos;

---

11 Termo cabalístico para a Deidade antes de sua automanifestação na Criação dos mundos, provavelmente derivou-se do termo de Ibn Gabirol, "*she-en lo tiklá*" *(o Infinito)*. Foi usado pela primeira vez por Azriel ben Menahem, que, compartilhando a visão neoplatônica de que Deus não pode ter desejo, pensamento, palavra ou ação, enfatizou a negação de qualquer atributo.

- a origem do caos e da matéria;
- a criação do mundo nos sete dias;
- a criação do homem visível, sua queda e suas consequências.

Em síntese, a Cabala teórica ocupa-se fundamentalmente de dois aspectos principais:
- **Maaseh Bereshit** – As obras da Criação, descritas no livro Sêfer Ietsirá, também chamado *Livro da Criação*.
- **Merkabah** – A essência divina e suas modalidades de manifestação, também chamado pelos cabalistas de "Carro Celeste", alegoria descrita no livro do Zohar, também chamado *Livro do Esplendor*, que trata dos atributos da divindade, que englobam as dez Sefirot da Árvore da Vida, a teoria dos quatro mundos, a origem do bem e do mal, da alma humana e da salvação final.

3ª. **Cabala prática ou mágica:** Podemos dizer que esta modalidade da Cabala é a menos expressiva para o desenvolvimento do trabalho sobre si, o autoconhecimento, porque ainda é muito pouco conhecida pelos estudiosos e sobre ela criaram-se muitas fantasias, lendas e superstições. A maioria das literaturas sobre esse ramo da Cabala é produto da mentalidade medieval, que circulava em uma atmosfera densa de mitos, magias e misticismo, como por exemplo, o tratado *Clavículas de Salomão* de autoria desconhecida, atribuída lendariamente ao Rei Salomão. Essa obra é composta por trinta e seis talismãs e setenta e oito figuras análogas do Tarô. Esse campo de pesquisa da Cabala é alvo de muitas especulações. O objetivo da Cabala prática é tentar demonstrar o sentido espiritual da "Grande Lei", prescrevendo sobre as etapas de purificação capazes de elevar a alma humana à divindade, por intermédio de meditações e pela canalização de energias através de símbolos, nomes sagrados e trabalhos práticos de magia, como meio de circular pelas esferas visíveis e invisíveis.

O Tarô é sem dúvida um grande legado da Cabala prática. Consiste em uma forma de oráculo cabalístico, composta por hieróglifos e números, que consta de setenta e oito cartas, sendo vinte e duas representadas pelos arcanos maiores (equivalente as vinte e duas letras do alfabeto hebraico) e cinquenta e seis correspondentes aos arcanos menores. Os Tarôs mais antigos eram confeccionados em forma de medalhas, que mais tarde, na idade média, começaram a ser usadas como amuletos de proteção.

4ª. Cabala literal: O foco da tradição cabalística encontra-se na tarefa delicada e cuidadosa de interpretação das Escrituras Sagradas e sua decodificação através das letras hebraicas, conforme os níveis de interpretação dos textos já falados anteriormente, o Pardes. Esse método é derivado tanto dos sistemas numéricos quanto de suas correspondências astrológicas e vibracionais em relação à Árvore da Vida. A Cabala literal utiliza-se de duas ferramentas linguísticas para o trabalho de investigação das mensagens ocultas nas Escrituras, a Exegese[12] e a Hermenêutica[13], daí a importância do estudo do idioma hebraico.

---

12 Exegese (do grego ἐξήγησις de ἐξηγεῖσθαι «levar para fora») é uma interpretação ou explicação crítica de um texto, particularmente de um texto religioso. O termo foi tradicionalmente usado para a exegese da Bíblia, mas, no uso moderno, "exegese bíblica" é usada para dar mais especificidade, a fim de distingui-la de outra explicação crítica mais ampla de qualquer tipo de texto.

13 Hermenêutica é uma palavra de origem grega e significa a arte ou técnica de interpretar e explicar um texto ou discurso. O seu sentido original estava relacionado com a Bíblia, sendo que neste caso consistia na compreensão das Escrituras, para captar o sentido das palavras de Deus. Hermenêutica também está presente na filosofia e na área jurídica, cada uma com seu significado. Etimologicamente, a palavra está relacionada com o deus grego Hermes, que era um dos deuses da oratória, um mensageiro.

Os cabalistas descobriram significados ocultos e mensagens codificadas por de trás das letras do alfabeto hebraico, através da utilização de três sistemas operacionais:
- **Gematria** – Comutação e combinações de letras.
- **Notarikon** – A arte dos signos.
- **Temurah** – Transposições de letras.

A gematria consiste em um método hermenêutico de análise das palavras das Escrituras, atribuindo valores numéricos definidos a cada letra do alfabeto hebraico. Este sistema ocupa uma posição bem significativa no contexto da Cabala e é uma ferramenta indispensável para se trabalhar no nível de interpretação de Sod. É importante lembrar que, no alfabeto hebraico, letras correspondem a números e vice-versa.

Segundo os exegetas cabalistas, as palavras de iguais valores numéricos explicam-se umas às outras, assim também no caso das frases. O objetivo desse sistema é alcançar a essência mais profunda da palavra, a revelação dos mistérios ocultos por trás da linguagem escrita. Quando duas ou mais palavras somam numericamente os mesmos valores, isso significa que há uma conexão entre elas. Podemos demonstrar alguns exemplos:

A palavra *Messias*, MShICh, משיח, vale 358 (מ = 40 + ש = 300 + י = 10 + ח = 8), o mesmo valor somando as letras (358) aparece na expressão *Shiloh virá*, IBA ShILB, יבא שילה, (י = 10 + ב = 2 + א = 1 + ש = 300 + י = 10 + ל = 30 + ה = 5) "O cetro não se arredará de Judá, nem o bastão de entre seus pés, até que venha Shiloh; e a ele obedecerão os povos." Gênesis 49.10

Ainda na sequência das operações acima, a serpente ardente que Moisés levantou no deserto, *narrash*, NChSh, נחש, (נ = 50 + ח = 8 + ש = 300) também possui o mesmo valor de 358. "*Fez Moisés uma serpente de bronze e a pôs sobre uma haste; sendo alguém mordido por alguma serpente, se olhava para a de bronze, sarava.*" Números 21.9

"*E de modo que Moisés levantou a serpente no deserto, assim importa que o Filho do Homem seja levantado, para que todo aquele que nele crê tenha a vida eterna.*" João 3.14,15

Através do método da gematria, podemos chegar a conclusão exegética de que: MESSIAS = SERPENTE = CRISTO.

Outro exemplo: Pai, אב, AV = 3 (א = 1 + ב = 2) + Mãe, אם EM = 41 (א = 1 + מ = 40) = 44, que é o mesmo valor da palavra geração, ילד IeLeD, logo: PAI + MÃE = GERAÇÃO.

Mais um: A palavra Shanah, שנה SHaNaH = 355 (ש = 300 + נ = 50 + ה = 5) que significa ano, em específico o número de dias do calendário lunar dos hebreus.

O Notarikon, palavra derivada do latim "*notarius*", que significa escrita resumida, também chamado pelos cabalistas de arte dos signos, consiste em um método de se ocultar um sentido através da junção de letras iniciais ou finais de palavras dentro de uma frase, semelhante ao acróstico; mas o acróstico cria outra palavra com todas as letras da mesma palavra, enquanto que no Notarikon usam-se apenas as letras iniciais ou finais de cada palavra dentro de uma frase.

O exemplo mais comum de acróstico pode ser encontrado na expressão mundialmente conhecida, o Amém, que consiste no sentido retirado das três letras hebraicas אמנ, que significa El (א) Melech (מ) Neeman (נ), que traduzindo significa: Deus, Rei e Fiel.

Veja agora a diferença do acróstico para o Notarikon: "*Quem subirá por nós aos céus?*" Deuteronômio 30.12, השמיל ה מי יולה לנו, MI IOLH LNV HShMILH, que pegando as letras iniciais de cada palavra, forma a palavra, מילה, milá, que significa circuncisão, e com as letras finais, forma a palavra יהוה, YHWH, o Nome Sagrado, o Tetragramaton. Isto sugere que a circuncisão é o caminho para alcançar Deus no céu.

A Temurah é um sistema de transposição e permutação de letras, método pouco usado pelos cabalistas, que consiste num complexo sistema de cifras em que as letras do alfabeto são transpostas segundo certas regras, permitindo obter novas interpretações. O método mais usado para essas operações é chamado Atbash, que consiste na substituição da primeira letra do alfabeto hebraico, o Alef (א) pela última letra Tav (ת), a segunda letra, Bet (ב), pela penúltima, shin (ש), e assim sucessivamente.

A	B	G	D	H	V	Z	Ch	T	I	Kh
Th	Sh	R	K	Ts	P	Hw	S	N	M	L

Alef	Bet	Guimel	Dalet	Hei	Vav	Zayin	Chet	Tet	Yud	Caf
א	ב	ג	ד	ה	ו	ז	ח	ט	י	כ
ת	ש	ר	ק	צ	פ	ע	ס	נ	מ	ל
Tav	Shin	Resh	Kuf	Tsade	Pei	Ayin	Samech	Nun	Mem	Lamed

5ª. Cabala numérica: também chamada de numerologia cabalística. Além das operações literais que estudamos acima, os cabalistas empregam certas operações numéricas para penetrarem nos mistérios ocultos da natureza e das Sagradas Escrituras, mas antes vamos compreender como os cabalistas concebem os números.

Segundo os cabalistas, os números são formados por três classes distintas, das quais cada uma delas contém nove letras correspondentes:

A primeira classe é formada pelos números simples, de 1 a 9, também chamados de números pequenos ou menores (Alef, Bet, Guimel, Dalet, Hei, Vav, Zayin, Chet e Tet).

A segunda classe corresponde as dezenas de 10 a 90, chamados números medianos (Yud, Caf, Lamed, Mem, Nun, Samech, Ayin, Pei e Tsade).

A terceira e última classe corresponde às centenas de 100 a 900, chamada de classe dos números grandes (Kuf, Resh, Shin, Tav, Caf final, Mem Sofit, Num Sofit, Pei Sofit e Tsade Sofit).

Quanto aos milhares, essas são representadas em hebraico como as unidades, porém, com dois pontos em cima das letras. Letras correspondem a números e vice-versa. Existem duas operações numéricas próprias à Cabala: a adição e a subtração. A primeira consiste em adicionar todos os algarismos que compõem um número superior aos nove primeiros.

Ex: 12, adicionando-se, corresponde a: 1 + 2 = 3

A redução consiste em achar o número pequeno resultante da adição progressiva:

Ex: 365 reduz-se à 5, porque 365 = 3 + 6 + 5 = 14, e 1 + 4 = 5

Ainda seguindo esse raciocínio, também chegamos ao mesmo resultado através da adição e da subtração dos números contidos no Tetragrama Sagrado, יהוה: י = 10 + ה = 5 + ו = 6 + ה = 5 = 10 + 5 + 6 + 5 = 26 = 2 + 6 = 8

Do mesmo Tetragrama Sagrado, os cabalistas tiram o nome de 72 letras da seguinte maneira: Escreve-se esta palavra num triângulo idêntico equilátero e, em seguida, adicionam-se números correspondentes a cada letra; assim se obtém o seguinte resultado:

A ⬡ Ω י 10 .... = 10
הי 10 + 5 .... = 15
והי 10 + 5 + 6 .... = 21
הוהי 10 + 5 + 6 + 5 ..... = 26
Total .... = **72**

Daí que surgiu a tabela com os "72 Nomes de Deus", também chamado *Shemhamphorasch*, que consiste em um conjunto formado por 72 nomes (também chamados de sopros ou gênios), contendo três letras cada, formados a partir do desdobramento do Tetragrama Sagrado.

Esses nomes foram identificados pelo místico cabalista Abraham ben Samuel Abulafia (século XIII) de forma contemplativa no texto do livro de Gênesis na Torá, capítulo 14, versículos 19, 20 e 21, passagem que descreve a abertura do Mar Vermelho.

A dinâmica para a formação desses nomes com três letras foi idealizada da seguinte maneira: a primeira letra do primeiro versículo (Gênesis 14.19), mais a última letra do segundo versículo (Gênesis 14.20) e mais a primeira letra do terceiro versículo (Gênesis 14.21), depois, a segunda letra do primeiro versículo, mais a penúltima letra do segundo versículo, mais a segunda letra do terceiro versículo, e assim sucessivamente até formar os 72 nomes.

De acordo com a Cabala, a Torá é um código alfanumérico que precisa ser interpretado em seu nível mais profundo, o *Sod*. Dessa forma, a abertura do Mar Vermelho simboliza qualquer situação de extrema dificuldade, em que não conseguimos enxergar uma saída e precisamos de uma intervenção divina, de um milagre.

כהה	אכא	ללה	מהש	עלם	סיט	ילי	והו
Eliminando o estresse **KERRAT**	DNA da alma **ACÁ**	Estado de sonho **LÊLA**	Cura total **MERRASH**	Eliminando pensamentos negativos **OLAM**	Criando milagres **SEIAT**	Recuperando a luz **IELÍ**	Viagem no tempo **VEHU**
הקם	הרי	מבה	יזל	ההע	לאו	אלד	הזי
Eliminando a depressão **RREKAM**	Visão de longo alcance **RRERI**	Adeus às armas **MABÁH**	Paraíso na terra **YEZAL**	Amor incondicional **HAHA**	Purificando os lugares **LAAV**	Removendo mau olhado **ALAD**	Influências angelicais **RRAZAI**
חהו	מלה	ייי	גלך	פהל	לוו	כלי	לאו
Desfazendo o ciume **RRARRÚ**	Compartilhando a chama **MELAH**	Banindo a atração fatal **YEIYAI**	Erradicando a praga **NALARR**	Vencendo os vícios **PERRIL**	Buscando a Deus **LEVU**	Fertilidade **CLI**	Controlando o ego **LEÚ**
ושר	לכב	אום	ריי	שאה	ירת	האא	נתה
Memórias **VESHAR**	Terminando o que começou **LECAV**	Construindo pontes **ÖOM**	Eliminando o ódio **REYÍ**	Almas gêmeas **SHAH**	Sócia silenciosa **IRAT**	Ordem a partir do caos **RRAIA**	Fale o que está pensando **NETAH**
ייז	רהע	חעם	אני	מנד	כוק	להח	יחו
Falando as palavras certas **IYAZ**	Diamante em estado bruto **RIRRÁ**	Compartilhando para poder receber **RREÊM**	Plano geral **ANI**	Perdendo o medo **MENAD**	Energia sexual **KEVAC**	Esquecendo você mesmo **LERRÁCH**	Revelando o lado obscuro **YEHU**
מיה	עשל	ערי	סאל	ילה	וול	מיכ	ההה
Unidade **MIAH**	Transformação global **ESHAL**	Certeza absoluta **ARI**	Poder da prosperidade **SEAL**	Amenizando o julgamento **YÊLAH**	Desafiando a gravidade **VEVAL**	Revelando o oculto **MIYAC**	Auto estima **HAHA**
פוי	מבה	בית	גגא	עמם	החש	דני	והו
Dissipando a raiva **PEVÍ**	Pensamento em ação **MABÁ**	A morte da morte **NIYÁT**	Sem interesse próprio **NINÁ**	Paixão **AMAM**	Sem culpas **ARRÁSH**	O suficiente nunca é o suficiente **DÁNI**	Felicidade **VEHU**
מחי	ענו	יהה	ומב	מצר	הרח	ייל	גמם
Projetando imagem positiva de você **MERRÍ**	Valorização **ANU**	Pais - Mestres não pregadores **YEHÁ**	Água **VAMAV**	Liberdade **METSÁR**	Cordão umbilical **RRARÁCH**	Seguindo em frente **IEIAL**	Escutando sua alma **NÊMIM**
מום	הדי	יבמ	ראה	חבו	ארע	מנק	דמב
Purificação espiritual **MÔOM**	Profecia e universos paralelos **RRAIAI**	Reconhecendo um projeto por trás da desordem **YEVÁM**	Achados e perdidos **RÉÉ**	Contando almas que partiram **RRAVÚ**	Grandes expectativas **AYÁ**	Responsabilidade **MENÁK**	Temor a Deus **DEMÁV**

1º Parágrafo

וַיִּסַּ֞ע מַלְאַ֣ךְ הָאֱלֹהִ֗ים הַהֹלֵךְ֙ לִפְנֵי֙ מַחֲנֵ֣ה יִשְׂרָאֵ֔ל וַיֵּ֖לֶךְ מֵאַחֲרֵיהֶ֑ם וַיִּסַּ֞ע עַמּ֤וּד הֶֽעָנָן֙ מִפְּנֵיהֶ֔ם וַיַּֽעֲמֹ֖ד מֵאַחֲרֵיהֶֽם:

2º Parágrafo

וַיָּבֹ֞א בֵּ֣ין ׀ מַחֲנֵ֣ה מִצְרַ֗יִם וּבֵין֙ מַחֲנֵ֣ה יִשְׂרָאֵ֔ל וַיְהִ֤י הֶֽעָנָן֙ וְהַחֹ֔שֶׁךְ וַיָּ֖אֶר אֶת־הַלָּ֑יְלָה וְלֹא־קָרַ֥ב זֶ֛ה אֶל־זֶ֖ה כָּל־הַלָּֽיְלָה:

3º Parágrafo

וַיֵּ֨ט מֹשֶׁ֣ה אֶת־יָדוֹ֮ עַל־הַיָּם֒ וַיּ֣וֹלֶךְ יְהוָ֣ה ׀ אֶת־הַ֠יָּם בְּר֨וּחַ קָדִ֤ים עַזָּה֙ כָּל־הַלַּ֔יְלָה וַיָּ֥שֶׂם אֶת־הַיָּ֖ם לֶחָרָבָ֑ה וַיִּבָּקְע֖וּ הַמָּֽיִם:

Êxodo 14:19,20,21

Os cabalistas decodificaram a primeira palavra escrita na Torá, BRAShITh (Bereshit, criação), e concluíram que essa palavra é formada por seis letras, correspondendo aos seis dias da criação, que é representado pelo hexagrama. A formação do mundo é dividida em seis períodos (*yom* em hebraico), que chamamos simbolicamente de dias. O número seis é relativo à criação, porque é formado pela adição dos números que compõem a trindade: 1 + 2 + 3 = 6.

A primeira trindade, simbolizada pelo triângulo com a ponta para cima, é eterna e existe em si mesma; a segunda é o reflexo da primeira e, por isso, é simbolizada pelo triângulo invertido. Criou = BRA = 2 + 200 + 1 = 203 = 2 + 3 = 5, número correspondente a letra Hê (ה), que significa sopro vivente, vida absoluta. A soma total dos valores da palavra BRAShITh é: 2 + 200 + 1 + 300

+ 10 + 400 = 913, que se reduz por 9 + 1 + 3 = 13, correspondendo à letra Mem (מ), que simboliza o princípio feminino, as "águas" da matéria-prima. O número 13 pode reduzir-se, ainda, por 13 = 1 + 3 = 4, que é o valor numerológico da letra Dalet (ד), que é símbolo da natureza divisível e dividida, uma porta.

O ano, segundo o calendário lunar dos judeus, tem 355 dias, conforme indica o nome ShaNaH = ano, pelo seu valor numerológico, Sha = 300 + N = 50 + H = 5 = 355.

Sob forte influência dos neopitagóricos e dos gnósticos, os cabalistas deram especial atenção aos números, considerando suas origens divinas e a ferramenta construtiva do universo, conforme descrito no Sêfer Ietsirá, onde números são letras e vice-versa: *"Vinte e duas letras, Ele as gravou, as cortou, as pesou, as permutou, as combinou, e formou com elas a alma de tudo o que foi criado e a alma de tudo o que será criado no futuro."* Vamos ver como os números são interpretados dentro da Cabala:

Os números são a chave dos antigos conceitos da cosmogonia, em sua mais ampla acepção, considerados tanto física como espiritualmente, e da evolução da raça humana atual; todos os sistemas de misticismo religioso estão baseados nos números. A santidade dos números começa com a Grande Causa Primeira e única, e acaba com o nada, o zero, símbolo do Universo Infinito."[14]

O número um corresponde à causa primeira, o princípio criador de tudo e todas as coisas no universo, inclusive os números. A palavra hebraica para indicar o Um, é *achad*, AChD, que é frequentemente usada para indicar Deus; a voz única de Deus para o homem é o *Bath Kol*, o eco ou a filha da Voz Divina.

O número um também é o ponto de que surgem as linhas. Sendo ele só, a Unidade não pode produzir; para isso faz-se necessário que se oponha a si mesma, provocando um desdobramento para que surja então o número Dois, o binário. A partir

---

14 Helena P. Blavatsky, em *Isis sem Véu*, vol. II, p. 407.

desse desdobramento, estabelecem-se os dois princípios geradores do universo, um como elemento ativo e dois como elemento passivo. Segundo a Cabala, enquanto o um representa a divindade, o dois representa a natureza. A realidade agora passa a ser dual, tudo tem o seu oposto.

Da união da Unidade com a dualidade, surge o terceiro elemento, o princípio ternário. Enquanto um e dois são forças opostas, o três corresponde à força neutralizante. O número três corresponde à forma, não pode haver corpo sem as três dimensões (comprimento, largura e profundidade). Três são os atributos de Deus: Criador, Mantenedor e Transformador; três princípios formativos do universo: Tântrico (Luz), Mântrico (Som) e Yântrico (Movimento). A letra Yud do alfabeto hebraico dentro de um triângulo equilátero representa o inefável Nome do Criador. O nome de Adão é constituído por três letras, אדם (ADM) que correspondem às iniciais de Adão, Davi e Messias.

Todas as culturas possuem uma trindade, a da Cabala é formada na Árvore da Vida por Kéter (Coroa), Chochmá (Sabedoria) e Biná (Compreensão). Segundo a Cabala, todos os fenômenos no universo existem como resultado da ação convergente, sobre um mesmo ponto e no mesmo momento, de três forças independentes: afirmativa, negativa e reconciliadora.

O número quatro corresponde à harmonia e equilíbrio: é a ação resultante da força trina. Conforme a Cabala dogmática, quatro é o número da divisão dos mundos (Olamot): Olam Ha Atziluth (emanação), Olam Ha Briá (criação), Olam Ha Ietsirá (formação) e Olam Ha Assiá (ação), que também representam os quatro elementos primordiais da criação: terra, fogo, água e ar. Porém, esses quatro mundos não são mundos no sentido ordinário, mas planos de desenvolvimento e de existência, sendo o primeiro o mais diáfano e elevado (Olam Ha Atziluth), enquanto os outros vão se tornando cada vez mais densos.

As dez sefirot existem em cada plano, sendo as dos planos mais elevados, mais sutis que as dos mais baixos. O número quatro está relacionado a Jacó, considerado pela Cabala como o Luminar Menor, que é a Lua. Jacó se escrevia IoQB, e suas iniciais são as dos nomes IuTZR, o Formador; OUShH, o Fazedor; QuNa, o Possuidor; e BVRA, o Criador. No livro do profeta Amós 7.2, Jacó é chamado de "pequeno". Ainda no quatro, encontramos uma associação curiosa, ao colocarmos as letras que formam o Tetragrama Sagrado יהוה uma em baixo da outra, formando a imagem de um homem, onde o Yud corresponde a cabeça, o Hei de cima os braços, o Vav como o corpo ereto e o Hei de baixo como as pernas.

Adicionando o um ao quatro forma-se o cinco. O um corresponde ao princípio de toda as coisas, o Espírito, e o quatro aos elementos constitutivos da natureza e do universo. O cinco é a quintessência dos alquimistas, o Espírito regendo os elementos. O símbolo do número cinco é o pentagrama, a estrela flamejante de cinco pontas, que representa o ser humano integral conforme representado por Leonardo da Vinci em sua obra, o homem vitruviano, obedecendo as regras da proporção áurea. Na Cabala, essa imagem corresponde a Adam Kadmon, o homem primordial ou Jesus Cristo segundo os cabalistas cristãos, o Filho de Deus feito homem. Quando invertemos o pentagrama para baixo, temos a representação do homem caído, a inteligência dominada pela matéria, Adam Belial.

O seis é considerado o número do homem, pois foi no sexto dia da Criação que Deus criou o homem. No Sêfer Ietsirá, fala-se da Héxada, as unidades representando os quatro quadrantes do mundo: Norte, Sul, Leste e Oeste, e também altura e profundidade, e no meio de tudo encontra-se o Templo Sagrado. O número seis corresponde a duas vezes três, caracterizando a imagem das relações existentes entre os planos físico e espiritual, conforme a Lei da Correspondência: *"O que está em cima é como o que está em baixo, e o que está embaixo é como o que está em cima."* O Caibalion.

Os cabalistas consideram esse princípio como um dos mais importantes instrumentos mentais, por meio dos quais o homem pode enxergar além dos véus que encobrem a visão, o desconhecido. Essa é a razão do símbolo hieroglífico do hexagrama estar bem no centro da bandeira de Israel, também chamado de estrela de Salomão. A Árvore da Vida é formada por dois hexagramas, representando numericamente um ciclo completo, onde seis vezes dois é doze, as doze tribos de Israel, os doze astros do zodíaco e os doze meses do ano.

O número sete é considerado pelos cabalistas como sagrado, pois foi no sétimo dia que Deus "descansou" (Shabat) ao término de sua obra da Criação. O sete é o desenvolvimento do três, o princípio neutro dominando os quatro elementos; a aliança da ideia e da forma, segundo a observação de Pitágoras: $1 + 6 = 7$, a unidade central (1) em equilíbrio; $2 + 5 = 7$, a ciência (2) desenvolvimento da inteligência (5); $3 + 4 = 7$, a forma (3) harmoniosa (4). O sete constitui todas as frequências vibratórias do universo: as sete notas musicais, as sete cores do arco-íris, os sete dias da criação, os sete dias da semana, os sete sacramentos, as sete Igrejas do Apocalipse, os sete dons do espírito (Isaías 11.2), etc. O nosso planeta Terra, é simbolizado na Árvore da Vida pela sefira Malchut; corresponde à sétima de uma série, e está no quarto plano, ou seja, no quarto mundo (Olam Ha Assiá); é gerada a partir de Iessód (Lua), o fundamento do sexto mundo, e após a sua purificação tornar-se-á a sétima raça do sétimo ciclo, reunida ao Logos Espiritual (Chaiá) e, por fim, ao Absoluto (Iechidá).

Nosso planeta já foi mudado por três vezes, e cada ciclo tem o conhecimento de sete reis; como descrito em Gênesis 36.31 que havia sete reis de Edom, os cabalistas interpretam esses como sete tipos de mundos primordiais que não sobreviveram à sua criação. O número sete é a chave dos mistérios da Criação em todas as religiões do planeta. São sete classes de anjos na Cabala: Ishin, Erelim, Chashmalim, Malakim, Auphanim, Serafim e Querubim.

O oito corresponde ao primeiro cubo de energia, é duas vezes quatro, a manifestação perfeita das formas, considerado pelos cabalistas como um número todo poderoso, representando o equilíbrio cósmico; é o único número uniformemente par dentro da década, conforme a observação de Pitágoras. Nas tradições do oriente próximo, o número oito é símbolo da ressurreição e da transfiguração, que sucede aos sete dias da Criação. São oito as bem-aventuranças do cristianismo, associando-se à ideia de justiça e harmonia, e ainda o número 888 corresponde a Jesus Cristo como *"Aquele que é a Ressurreição e a vida"* João 11.25, o grande opositor do 666, considerado como o número da Besta, número de um homem. Os judeus costumavam praticar a circuncisão nos meninos no oitavo dia do seu nascimento, e ainda, por ocasião da Festa da Dedicação, a *Chanukah*, acendiam oito velas e as festividades duravam oito dias.

Dentro da visão ocultista, o número oito, representado na horizontal, corresponde à clássica simbologia do infinito, também chamado de *Lemniscata* pelos matemáticos, à comunhão perfeita entre o consciente e o inconsciente, na psicanálise, e ainda como símbolo do conhecimento. Também representa a força moral e a integridade, o equilíbrio entre as forças opostas, tanto no plano físico quanto no espiritual. Enquanto o número sete, que o precede, consiste no número da Criação, o oito é considerado como o Dia da Regeneração, como observado segundo a Cabala na lenda da Arca de Noé, onde oito foi o número de almas salvas, e Noé foi o oitavo a descer; seu nome era NVch = 8 x 8 = 64.

O número nove é o resultado da multiplicação de 3 x 3, o número que corresponde à razão de todas as formas, contendo todos os outros números naturais em si; quando multiplicado por qualquer número, sempre se reproduz; assim: 9 x 2 = 18 = 8 + 1 = 9, e assim sucessivamente. Por isso ele também é chamado de número da matéria, gerado pela tríade perfeita: 3 + 3 + 3 = 9. O número nove marca a transição de um novo ciclo, embora os antigos temessem esse número e seus múltiplos, em especial o oitenta e um, pois consideravam sinal de mau presságio, indício de mudanças e momentos delicados de fragilidade, como, por exemplo, a destruição dos dois templos dos judeus que ocorreram no nono dia do mês judaico de *Ab*; Jesus expirou na nona hora; durante nove meses uma criança é formada no ventre de sua mãe; segundo a tradição judaica, Deus descera a terra por nove vezes: a primeira no Éden, a segunda na confusão de línguas na lenda da Torre de Babel, a terceira na destruição de Sodoma e Gomorra, a quarta para transmitir as suas Leis para Moisés no monte Horebe, a quinta no Sinai, a sexta para repreender Balaão através da mula, a sétima quando apareceu a Elias quando se encontrava prostrado, a oitava no tabernáculo e a nona no templo de Jerusalém; e a décima vinda será com o Messias no final dos tempos, segundo a escatologia judaica.

O número dez corresponde à Eternidade, chamado pelos pitagóricos de "Todo completo", ou "totalmente consumado", o grande ápice dos números, que, uma vez alcançado, jamais poderia ser ultrapassado. Pode ser representado por um círculo com um ponto ao centro, simbolizando a Presença de Deus, Unidade Infinita, e o círculo como o universo; ele é a soma das unidades do número quatro: 1+2+3+4=10, essa é a razão divina do Tetragrama Sagrado possuir quatro letras יהוה. Os cabalistas também chamavam os números 5, 6 e 10 de números circulares, porque, quando elevados ao quadrado, seu resultado apresenta o mesmo número na casa da unidade: 5 x 5 = 25 e 5 x 25 = 125; 6 x 6 = 36 e 6 x 36 = 216; 10 x 10 = 100 e 10 x 100 = 1.000.

A Árvore da Vida cabalística é composta por dez sefirot e todas elas são consideradas atuantes sobre os quatro planos da existência (Olamot): Olam Ha Atziluth, Olam Ha Briá, Olam Ha Ietsirá e Olam Ha Assiá. As dez sefirot correspondem aos protótipos de todas as realidades espirituais e de todas as partes constitutivas da criação; de Adão a Noé encontram-se dez gerações, assim como de Sem (filho de Noé) a Abraão; dez Mandamentos, dez instrumentos para os quais os salmos foram compostos, dez beatitudes espirituais na cristandade: Amor, Alegria, Paz, Longanimidade, Delicadeza, Bondade, Fé, Prudência, Mansidão e Temperança. Dez são os dedos das mãos e o dos pés, dez pragas sobrevieram sobre o Egito, dez ofensas a Deus pelos hebreus no deserto; Jesus menciona dez talentos, dez cidades, dez peças de prata e pronunciou a parábola das dez virgens.

Na ciência da computação, que foi diretamente influenciada pelos princípios da Cabala, encontramos a base de todo o processo de programação, chamado de código binário, que consiste em um sistema de numeração posicional em que todas as quantidades se representam com base em apenas dois números, ou seja, zero e um, os dois elementos que formam o número dez, proporcionando infinitas possibilidades dentro da moderna computação.

O número onze possui uma má reputação entre os místicos e cabalistas, representando a força oculta, cega. Os cabalistas colocavam-no em oposição ao dez perfeito, a década, e assim como os dez números que constituem a Árvore da Vida, através das sefirot, correspondem à harmonia e perfeição, o onze está associado com as coisas ruins e imperfeitas; podemos ver essa realidade estampada na carta do Tarô correspondente ao número dezesseis (edições mais antigas), a torre que é atingida por um raio, e ainda podemos fazer uma alusão semiótica ao acontecimento do dia onze de setembro no atentado às torres gêmeas na cidade de Nova York. Também é chamado de o "número dos pecados", pois excede os dez mandamentos. No idioma hebraico, a palavra onze era expressa como *Achad Osher*, AI, ou Um e Dez assim também acontece no idioma alemão, onde onze é chamado de "Elf", que se originou da expressão "Einlif", que significa "um além", ou seja, um a mais que o dez. Tempos depois inspirado pela Revolução Francesa, os franco-maçons começaram a usar a palavra Elf como um acróstico da seguinte forma: E = *Egalité* (igualdade), L = *Liberté* (Liberdade) e F = *Fraternité* (Fraternidade).

O onze também possui um significado peculiar na Cabala, onde o seu símbolo central é a Árvore da Vida, que revela como a divindade desdobra-se através das dez emanações neste mundo. Ainda na Árvore da Vida, encontra-se uma "décima primeira sefira", que corresponde à misteriosa Da'at, uma "meia sefira", considerada simbolicamente como o fruto proibido do qual comeram Adão e Eva no Paraíso, que na verdade significa a sefira do Conhecimento.

Enquanto o onze é considerado um número imperfeito, o doze corresponde à um caráter de perfeição, pois tem sua origem na multiplicação entre o três (princípio ternário, a Lei de Três) e o quatro (a harmonia, ação resultante da força trina) 3 x 4 = 12. Quase todas as associações com o número doze estão relacionadas com o zodíaco e seus signos, como os doze meses do ano (Nissan, Iyar, Sivan, Tamuz, Av, Elul, Tishrei, Cheshvan, Kislev, Tevet, Shevat, Adar), os doze filhos de Jacó dos quais surgiram as doze tribos de Israel, as doze pedras do peitoral do Sumo Sacerdote (sárdio, topázio, carbúnculo, esmeralda, safira, diamante, jacinto, ágata, ametista, berilo, ônix e jaspe), as doze portas da Nova Jerusalém descrita no Apocalipse (Ap.21.12), os doze Apóstolos (Ap.21.14). Os cabalistas falam sobre doze permutações com o Tetragrama Sagrado: IHVH, VHIH, HIHV, HVHI, IHHV, IVHH, HVIH, VIHH, HHVI, HHIV, HIVH, VHHI. Ainda segundo alguns cabalistas, por ocasião da primeira revelação, o verdadeiro Nome de Deus era uma palavra composta por doze letras: HIH-HVVH-VIHIH, que quer dizer: *"foi, é, será"*. (Kiddushin, 71.1).

A Mishná descreve os acontecimentos relativos às doze primeiras horas em que Adão comete o seu "pecado" durante a décima hora (transgrediu as Leis, símbolo do Decálogo), foi julgado na décima primeira hora (tornou-se imperfeito como o número onze) e expulso do Jardim na duodécima hora; portanto, não permaneceu nem sequer um dia inteiro em sua integridade, como escrito no livro de Eclesiastes 20.20: "*Contudo, não existe um homem tão justo sobre a face da terra que saiba fazer o bem sem jamais pecar!*"

O alfabeto hebraico e seus mistérios

"Vinte e duas letras elementares. Deus as gravou, entalhou, pesou, combinou e transpôs, formando com elas tudo o que é formado e tudo o que está destinado a ser formado. Vinte e duas letras elementares, Deus as dispôs numa roda com 231 portas[15]*, que gira para frente e para trás. Como Deus as combinou? Alef com todas elas, elas todas com Alef; Bet com todas elas, elas todas com Bet; e assim com todas as letras girando sempre, formando 231 portas. Assim formou-se tudo isso, e tudo o que se fala emerge de um só nome.*

Dentro do caos, Deus formou a substância, transformando o que não é no que é. Dentro do éter, que não pode ser agarrado, ele lavrou enormes pilares.

Quando Abraão, nosso pai, que a paz esteja com ele, dirigiu com atenção o seu olhar – fitando, vendo, perscrutando, entendendo, gravando, entalhando, combinando e formando – ele logrou êxito na criação. Imediatamente Deus manifestou-se para ele, abraçando-o, beijando-lhe a fronte, chamando-o "Abraão, meu dileto."[16]

A língua hebraica é a principal ferramenta utilizada pelos cabalistas, não para ficar restrito ao campo da exegese literalista, "ao pé da letra", como os acadêmicos e os religiosos, mas com o objetivo de achar o sentido oculto do texto por intermédio do quarto

---

[15] Segundo os cabalistas, as letras que formam a palavra Yisrael (Israel), igualmente formam a palavra Yeshrla, que significa "existem 231". É uma alusão de que a Criação teve lugar através de 231 portões. Eles dizem que o número 231 representa a quantidade de modos que duas letras diferentes do alfabeto hebraico podem conectar-se. Este também é o número de palavras de duas letras que podem ser formadas, sempre que a mesma letra não se repita e a ordem não seja considerada.

nível de interpretação das Sagradas Escrituras, o Sod. Através desse nível de interpretação, utilizando-se do alfabeto hebraico, torna-se possível descobrir inúmeros sentidos nos textos, através das combinações e significados das letras e das palavras em hebraico. Os sistemas de permutações das letras hebraicas são muito comuns nas Escrituras, e consistem numa prática básica da Cabala.

Para os cabalistas, as letras do alfabeto hebraico, são muito mais do que meros caracteres gráficos linguísticos. São poderosos canais de luz espiritual e cada uma delas nos oferece o poder de conexão com níveis mais sutis de consciência. Logo, são as únicas ferramentas que permitem a comunicação com os mundos superiores. Conforme o salmo: *"Lâmpada para os meus pés é a tua palavra, e luz para o meu caminho."* Salmos 119.105.

O alfabeto hebraico é constituído por vinte e duas letras, mais cinco finais, usadas apenas no final das palavras. Tanto a escrita quanto a leitura é feita da direita para a esquerda. Inicialmente o alfabeto hebraico não possuía vogais, apenas a partir do sexto século anterior à era cristã, devido ao fato de os hebreus terem passado por pelo menos três gerações no exílio, e assim esquecendo o seu idioma natal, foi necessário acrescentar as vogais, também chamadas de sinais massoréticos[17], para que pudessem relembrar a pronúncia de seu idioma.

As letras do alfabeto hebraico equivalem a um valor numérico correspondente a cada letra, de forma que todas as palavras consistem em um verdadeiro código de criptografia, que somente através dos métodos de exegese usados pelos cabalistas é possível decifrar. As letras do alfabeto hebraico também possuem sentidos ocultos relacionados à vida cotidiana.

---

17   Os massoretas eram escribas judeus que tinham como ofício preservar e cuidar das escrituras, que atualmente constituem o Antigo Testamento, e a sua árdua tarefa consistia na colocação das vogais nos textos sagrados para que o povo pudesse se lembrar da pronúncia do seu idioma natal; daí o nome sinais massoréticos.

Existem duas teorias cabalistas sobre as divisões das letras do alfabeto hebraico: a primeira divide o alfabeto em: três letras mães (Alef, Mem e Shin), sete duplas, porque exprimem dois sons (Bet, Guimel, Dalet, Caf, Pei, Resh e Tav) e doze simples ou elementais (Hei, Vav, Zayin, Chet, Tet, Yud, Lamed, Num, Samech, Ayin, Tsade e Kuf), considerando apenas as vinte e duas letras, enquanto a segunda teoria, inclui as cinco letras finais, totalizando vinte e sete, divididas em três grupos de nove letras, onde o primeiro grupo corresponde aos números simples, de 1 a 9 (Alef, Bet, Guimel, Dalet, Hei, Vav, Zayin, Chet e Tet), o segundo grupo, das dezenas, de 10 a 90 (Yud, Caf, Lamed, Mem, Num, Samech, Zayin, Pei e Tsade), e o terceiro grupo, das centenas (Kuf, Resh, Shin, Tav, Caf Final, Mem Final, Num Final, Pei Final e Tsade Final).

LETRA	VALOR	NOME	SIGNIFICADO
א	1	Álef	Boi, homem, mestre, professor
ב	2	Beit	Casa, tenda, habitação
ג	3	Guimel	Camelo, ponte, alimentar
ד	4	Dalet	Porta, pobre, levantar
ה	5	Hei	Atenção! Aqui está! Veja!
ו	6	Vav	Gancho, preposição "e"
ז	7	Zayin	Coroa, espada, arma, sustento
ח	8	Chet	Vida, cerca, delimitação
ט	9	Tet	Cesto, serpente, esconderijo
י	10	Yud	Mão de Deus, continuidade
כ	20	Caf	Coroa
ל	30	Lamed	Aprendizado, ensino, cajado, elevação
מ	40	Mem	Água, mulher, Mashiach
נ	50	Num	Semente, fruto, peixe, milagre

LETRA	VALOR	NOME	SIGNIFICADO
ס	60	Samech	Suporte, apoio, remédio
ע	70	Ayin	Olhos, salvação
פ	80	Pei	Boca, palavra
צ	90	Tsade	Justo, justiça
ק	100	Kuf	Macaco
ר	200	Resh	Cabeça
ש	300	Shin	Dente, mudança, retorno, duração
ת	400	Tav	Verdade, sinal, cruz, vida ou morte
ך	500	Caf Sofit	Coroa
ם	600	Mem Sofit	Água, mulher, Mashiach
ן	700	Num Sofit	Semente, fruto, peixe, milagre
ף	800	Pei Sofit	Boca, palavra
ץ	900	Tsade Sofit	Justo, justiça

O Sêfer Ietsirá ensina que cada número (letra) encerra em si um mistério referente à divindade e seus respectivos atributos. Os antigos cabalistas encontraram explicações ocultas relativas à ordem, à harmonia e às influências dos céus sobre o mundo nas vinte e duas letras do alfabeto hebraico. Segundo eles, cada letra corresponde a um atributo da divindade, que é designado por uma palavra que se inicia com a respectiva letra:

1. Alef, AHIH (Aheieh): "Sou o que sou"; a essência divina invisível e imutável.
2. Bet, BaCHoR: Jovem, a divindade não envelhece.
3. Guimel, GaDoL: Grande, imenso.

4. Dalet, DaGoL: Ilustre, eminente.
5. Hei, HaDoM: Majestoso, imponente.
6. Vav, VeZio: Esplendoroso, magnífico.
7. Zayin, ZaKHai: Imaculado, íntegro.
8. Chet, CHaSiD: Misericordioso, compassivo, benevolente.
9. Tet, TeHoR: Puro, límpido.
10. Yud, IaH, Deus eternamente vivo.
11. Caf, KHaBiR: Poderoso, potente.
12. Lamed, LiMuD: Sábio, onisciente.
13. Mem, MeBoRaKH: Bendito, afortunado.
14. Num, NoRa: Magnificente, sublime.
15. Samech, SoMeKH: Ajuda, assistência, auxílio.
16. Ayin, HWaZaZ: Vigoroso, resistente.
17. Pei, PoDeH: Salvador, redentor, libertador.
18. Tsade, TSaDeK: Justo, equânime, reto.
19. Kuf, KaDoSH: Santo, sagrado.
20. Resh, RoDeH: Dirigente, governador.
21. Shin, SHaDai: Diligência, prudência, providência.
22. Tav, THeCHINaH: Graça, favor, gentileza.

Ainda dentro das correspondências das letras do alfabeto hebraico, também encontramos uma sequência correspondente às ordens angelicais, que na verdade correspondem a níveis vibratórios do universo, segundo a Cabala:

1. HaioTH Ha KoDeSH: Corresponde à ordem dos Serafins, seres angélicos, santos com o atributo das inteligências providenciais; encontra-se no padrão vibratório mais próximo do Criador.
2. OPHaNiM: Pertence a ordem dos Querubins, que possuem a tarefa de mover as energias do universo em sentido circular, como os vórtices dos chacras no corpo duplo etérico, trabalhando nos entrecruzamentos

energéticos, também chamado de Exus na religião de Candomblé, que em iorubá significa esfera, movimento circular.
3. ARaLiM: Corresponde a ordem chamada de Tronos, tem como principal função a sustentação da matéria em sua condição de forma.
4. HaSHeMaLiM: a ordem das Dominações, responsável pela distribuição das formas corpóreas, também chamado no espiritismo de MOB – Modelo Organizador Biológico, ou seja, vibratória que estabelece os limites correspondentes de todas as estruturas físicas do universo.
5. SHeRaPHiM: Representa o padrão vibratório chamado de Virtudes, com a incumbência de produzir os elementos constitutivos do universo e zelar de forma ardente, ou seja, corresponde ao aspecto mantenedor da Divindade.
6. MaLaKHiM: Oriundo do hebraico que significa "mensageiros", corresponde à vibratória das Potências, ou Potestades, responsáveis pela produção dos elementos constitutivos do reino mineral.
7. ALHiM ou ELoiM: Também chamado de Principados, enviados do *Cadósh Barúch Hú*[18] para a tarefa de produção do reino vegetal, garantindo com isso o mantimento nutricional para as espécies viventes.
8. BeNi ALHiM: Chamados filhos de Eloim ou filhos dos deuses, responsáveis pela regência das Leis Cósmicas, correspondendo à vibratória dos Arcanjos, responsáveis pela produção do reino animal.

---

18 Cadósh Barúch Hú, Denominação hebraica utilizada dentro da tradição judaica para designar, de forma geral, o Criador em sua expressão máxima.

9. KHeRuBiM: Ministros do fogo astralino, também chamados de Devas na mitologia Hindu e Karibu na mitologia Babilônica, que em *acádico* significa "ser próximo" ou "intercessor", correspondem ao nosso santo anjo da guarda, protetores da nossa essência, guardiões da alma, com a tarefa de manter nosso cordão de prata ligado ao nosso corpo físico.
10. AiSHiM: Vibratória que corresponde às almas glorificadas, espíritos dos justos (Tsadik), segundo a Cabala, os 144.000 eleitos do Livro do Apocalipse (Ap.7.1-8). Espíritos Puros ou Perfeitos conforme a visão espírita, com a nobre missão de comunicar à humanidade sobre a inteligência, a dinâmica e o reconhecimento das coisas divinas.

A Cabala também apresenta o mistério da correlação das letras do alfabeto hebraico com as realidades da astrologia e suas respectivas regências:

1. MeTaTRoM: Corresponde a primeira inteligência soberana, responsável pela regência do primeiro céu astrológico, também chamado de céu empíreo. Também chamado de Metatron, nome que significa "Príncipe da Face", da Grande Face, chamado na Cabala de Macroprosopus, representado na Árvore da Vida pela sefira Kéter; sua tarefa é conduzir todos aqueles que devem apresentar-se perante a Face de Deus. Na hierarquia astrológica, tem abaixo de si o príncipe Orofiel acompanhado de uma grande multidão de inteligências subalternas (exércitos dos céus). Segundo os cabalistas, teria sido por intermédio de Metatron que Deus falou com Moisés. Todas as potências inferiores do mundo criado recebem pelo seu intermédio as virtudes de Deus.

2. RaTZiEL: Raziel, chamado pelos cabalistas como o anjo (frequência vibratória) que guarda os segredos de Deus, representado na Árvore da Vida pela sefira Chochmá, responsável pela transmissão dos conhecimentos da Cabala, que lendariamente teria sido entregue a Adão no que se chamou Sefer Ha Raziel (Livro de Raziel). Pertence à primeira inteligência do segundo céu, correspondendo às estrelas fixas e aos doze signos do zodíaco.
3. SHeBTaiEL: A primeira inteligência correspondente do terceiro céu, regente de Saturno.
4. TSaDKiEL: Corresponde à primeira inteligência do quarto céu, regência de Júpiter.
5. KaMaEL: Inteligência regente do quinto céu, que corresponde ao planeta Marte.
6. RaFAHaEL: Rafael, traduzindo-se em a "cura de Deus", a vibratória soberana do sétimo céu, regência do planeta Vênus.
7. MiKHaEL: Corresponde à primeira inteligência do nono céu, a vibratória regente da Lua.

A Cabala Iuriânica
Partzufim, Shevirá, Tikun e Gilgul

Esse nome é dado em homenagem ao grande sistematizador e místico cabalista, Rabi Isaac Luria, também chamado de ARI, O Leão Sagrado de Safed na Galiléia, em virtude do seu alto grau de realização através da sabedoria da Cabala. Como discípulo prodigioso do Rabi Chaim Vital, ambos viveram no século XVI. Todo o acervo cabalístico a que temos acesso nos dias de hoje, foi inspirado e minuciosamente sistematizado por Luria em um período curto de tempo, pois ele morreu prematuramente, com apenas trinta e oito anos de idade.

Dentre as teorias mais importantes do sistema cabalístico proposto por Isaac Luria, destaco cinco aspectos fundamentais de sua doutrina: o primeiro chamado de *Partzufim* significa "Personalidade divina, faces, visões, formas e configurações", que consistem em arranjos particulares associados às dez sefirot da Árvore da Vida (Atributos e Emanações), em interações harmonizadoras no processo da Criação. Seus nomes são encontrados nos textos místicos do Zohar, aparecendo como termo de manifestações, sinônimos para as sefirot.

O segundo aspecto do seu corpo de doutrinas é referente à *Shevirá*, chamado de a "quebra dos recipientes" ou "vasos". Segundo Isaac Luria, o Criador move-se constantemente, contraindo-se e expandindo-se (conceito de Tzimtizum), como a respiração, sístole e diástole na medicina, também chamado no hinduísmo de Dia de Brahma e Noite de Brahma, hoje conhecido pelos físicos modernos como a teoria do universo inflacionário ou inflação cósmica, em que o universo teria se expandido através do Big Bang e em algum momento se contrairá, retornando ao ponto inicial.

Na visão de Luria, quando o Criador se expandiu, aconteceu a ruptura dos recipientes, estilhaçando-os em infinitas fagulhas, chamadas de Klipots, que também significa cascas, e essas foram preenchendo os quatro mundos. Em outras palavras, durante o processo do *Tzimtizum*, a Luz Divina acabou penetrando no espaço gerado devido ao movimento de contração, e assim a Luz fluiu com todo o seu esplendor onde deveria se concentrar nos dez recipientes da Árvore da Vida, correspondendo às dez sefirot. Porém, houve uma desestabilização no fluxo de energia, e os sete recipientes inferiores não suportaram a intensidade da Luz Divina, o que veio a provocar a chamada quebra dos recipientes, e os cacos foram dispersos, caindo nos mundos inferiores, derramando milhares de centelhas de luz.

"O Tzimtizum corresponde à autodelimitação de Deus, o recolhimento em si mesmo, ocasionado pela contemplação Dele por Si próprio." Plotino

O terceiro aspecto consiste na doutrina do *Tikun*, que significa a reparação, conserto, retificação, ou seja, o trabalho de reunir os cacos que foram dispersos pelos sete mundos inferiores, também chamado de obra da redenção, e essa tem o homem como responsável pela restauração da ordem cósmica, restabelecendo o estado original da Unidade Perfeita. Para Luria, essa restauração corresponde à Era Messiânica, onde cada indivíduo, restaurando-se a si mesmo, estará despertando o seu Messias Interno e, quando toda a humanidade despertar, então o Messias Coletivo Universal reinará através da paz, da justiça e da fraternidade.

"Imediatamente, lhe caíram dos olhos como que umas escamas, e tornou a ver. A seguir, levantou-se e foi batizado." Atos 9.18

O quarto tema abordado por Isaac Luria, é o Gilgul Neshamot, que corresponde à teoria das reencarnações, baseado no conceito platônico da transmigração das almas (metempsicose), que tem por finalidade o aprimoramento dos espíritos (desenvolvendo-se através do Tikun) até que esses atinjam a perfeição, e a alma possa finalmente se libertar dos ciclos reencarnatórios, também chamado no budismo de Roda de Samsara, e finalmente regressar a sua origem.

Trazendo esses quatro conceitos para a vida humana, isso representa o resumo do processo do autoconhecimento, onde nós, criaturas formadas à imagem e semelhança do Criador, inicialmente "puros e ignorantes", precisamos nos conhecer, a nossa personalidade, nossas imperfeições, nossa origem e propósito no mundo, nossos vícios, anseios e demais características que formam o nosso ser, para no próximo passo tentarmos reunir "nossos cacos", através do trabalho sobre nós mesmos, da observação atenta dos nossos comportamentos e com isso realizar o Tikun, a reparação, de forma a promovermos a nossa evolução em direção à Luz do Criador.

Por questão de justiça, e sob a Lei do Progresso e da evolução, o Criador permitiu que todo ser humano tenha as chances necessárias para o seu autodesenvolvimento, até atingir o estado de perfeição, e a reencarnação é essa oportunidade dada a todos, para que possam desenvolver-se gradativamente até atingir níveis mais elevados de consciência e corpos sutis.

A Árvore da Vida

"Sou aquele que plantou essa árvore para que o mundo todo nela se deleite. Com ela abarquei o Todo, chamando-o Todo, pois tudo dela depende, tudo dela emana, tudo dela necessita, fita-a e aguarda. Dela as almas partem voando em júbilo. Sozinho eu estava quando a fiz. Quando espalhei minha terra, na qual plantei e enraizei essa árvore – dando alegria de uma para a outra e rejubilando-me com elas – quem estava comigo? A quem podia eu revelar esse meu segredo?" A Árvore Cósmica – Sêfer Ha Bahir

Quem sou eu?

"*Um homem vive a sua vida sem se fazer essa pergunta e considera perfeitamente normal que ele seja "algo" e até mesmo algo muito precioso, algo que jamais pôs em dúvida. Ao mesmo tempo, é incapaz de explicar a uma outra pessoa o que esse algo é, incapaz até de dar a menor ideia desse algo, porque ele próprio não o sabe. Na verdade, não é sempre assim. Nem todo mundo se olha tão superficialmente. Há homens que buscam, que têm sede da verdade do coração e se esforçam para encontrá-la, que tentam resolver os problemas colocados pela vida, alcançar a essência das coisas e dos fenômenos e penetrar em si mesmos.*" Views from the Real World Talks of G. I. Gurdjieff

Conhecer a Árvore da Vida consiste em conhecer a si mesmo

Entender a Árvore da Vida equivale a entendermos a nós mesmos, pois esse sistema gráfico arquetípico é a representação do ser humano em sua plenitude. Poderíamos dizer que é a imagem do divino refletida em nós, a relação do universo (macrocosmo) com o ser humano (microcosmo). Segundo a Cabala, é o reflexo de Adam Kadmon, o homem perfeito em seu estado primordial.

Segundo a tradição cabalística, ao estudarmos a Árvore da Vida, devemos enxergar esta como a condição que devemos atingir, um estado de plenitude e evolução através da Pistis (Conhecimento) e da Sophia (Sabedoria), que os gnósticos cabalistas representam como o átomo, centelha, espírito que habita em nós. Uma fagulha que se encontra acesa dentro de todo ser humano e que pode ser intensificada através dos estudos da Cabala. Logo, o objetivo do estudo da Cabala, é conduzir-nos a um padrão vibratório mais sutil e elevado, proporcionando através do autoconhecimento um despertar da consciência, de forma que, ao encaramos os obstáculos da vida, passamos a ter uma postura mais equilibrada e serena, tendo entendimento de tudo o que acontece e de que nada acontece por acaso, como bem disse Albert Einstein: *"Deus não joga dados."*

Este é o maior objetivo que o estudo da Cabala pode nos proporcionar, um maior conhecimento sobre a tríplice pergunta feita por quase toda a humanidade: de onde vim, onde estou e para onde vou. E, a partir desse início de questionamento, a Cabala oferece-nos ferramentas e subsídios poderosos para essa maior compreensão de nós mesmos e do universo.

Por isso a Cabala esteve fechada a muitos por longo tempo, pois a humanidade ainda não se encontrava apta para tais questionamentos, apenas uns poucos iniciados tinham acesso a essas informações; e agora, rumando para a segunda década desse milênio, da era de aquário, todos os portais estão abertos, e cabe a cada um perceber que agora é o melhor momento para fazermos o salto quântico, ou seja, passarmos de um nível insuficiente e exterior, regido pelas religiões, superstições e crendices, para um nível mais sutil e elevado de consciência, esse sobre que nenhuma religião de antigamente e de hoje podem mais nos dar respostas, pois segundo a Cabala tudo se encontra dentro de nós, como dizia Jesus Cristo: *"Eu e o Pai somos Um"* e *"quem vê a mim vê o Pai."*

Apesar desse período cósmico de abertura dos portais ascensionais, ainda há muitos aproveitadores utilizando-se das informações da Cabala para seus próprios interesses, como um verdadeiro comércio (Cabala disso, Cabala daquilo etc.), usando ainda em elementos sincréticos e superstições da era das religiões, que, ao invés de nos conduzirem para o caminho interior, jogam-nos para fora, como as religiões sempre fizeram no passado e ainda hoje em dia. Aproveitem esse momento de abertura do conhecimento cabalístico para fazerem o grande salto quântico e mergulhem de cabeça nessa jornada interior, pois fora é como diz o pregador do livro de Eclesiastes (Qoélet) no capítulo 1: *"Não há nada novo debaixo do sol."*

A Árvore da Vida, o esquema de toda a realidade

A Árvore da Vida, *Etz Chaim* em hebraico, corresponde ao esquema das realidades do universo em todas as suas dimensões. O seu simbolismo consiste em um dos arquétipos mais antigos, encontrados em quase todas as culturas e tradições mitológicas do mundo, como o Yggdrasil na mitologia nórdica; Lataif na tradição sufi; a Árvore dos Pomos de Ouro na mitologia greco-romana; os chacras na tradição hindu; os totens das tribos indígenas norte-americanas, entre outros, também chamado de *Axis Mundi* (pilar, montanha, árvore, altos...) por Mircea Eliade[19], conceito relacionado ao eixo cósmico onde se encontra o "centro do mundo", elo de ligação, eixo metafísico que une todos os reinos do menor para o maior, no caso da Cabala, os quatro mundos (Olam Ha Atziluth, Olam Ha Briá, Olam Ha Ietsirá e Olam Ha Assiá) com o Uno em Ain Sof.

"Nenhuma árvore pode crescer aos céus sem que suas raízes toquem o inferno." C. G. Jung

Segundo a cabala dogmática, a Árvore da Vida é formada através dos eflúvios divinos emanados de Ain Sof (ilimitado,

---

19 Mircea Eliade, professor, cientista das religiões, mitólogo, historiador e filósofo romeno, naturalizado norte-americano. Considerado um dos fundadores do moderno estudo no campo da história comparada das religiões e grande pesquisador dos mitos, veio a elaborar uma visão comparada das religiões, encontrando relações de proximidade entre as mais diferentes culturas e seus momentos históricos. O conceito do "Axis Mundi" é descrito na sua obra *O Sagrado e o Profano*.

infinito) manifestados em toda a realidade física constitutiva do universo, correspondendo a tudo que existe no cosmos, desde as maiores galáxias até o mais ínfimo grão de areia. Tudo e todas as coisas encontram-se registradas no diagrama da Árvore da Vida. Ela se manifesta através de três níveis distintos da existência: realidade, essência e consciência, que são concebidas da Luz Infinita através dos três véus ocultos da existência não manifesta: Ain (existência negativa, não existência), Ain Sof (ilimitado, infinito) e Ain Sof Aur (luz ilimitada). Logo, a Árvore da Vida é fruto do impulso do Criador, também chamado pelos místicos de "ato puro de amor". Participar da Árvore da Vida é estar envolto na Luz Infinita, é se tornar uno com o Criador.

"Eu sou a videira verdadeira, e meu Pai é o agricultor." João 15.1

"Eu sou a videira; vocês são os ramos. Se alguém permanecer em mim e eu nele, esse dá muito fruto; pois sem mim vocês não podem fazer coisa alguma." João 15.5

"Se alguém tirar alguma palavra deste livro de profecia, Deus tirará dele a sua parte na árvore da vida e na cidade santa, que são descritas neste livro." Apocalipse 22.19

Trazendo a compreensão da Árvore da Vida para a dimensão humana, podemos utilizá-la como uma poderosa ferramenta de autoconhecimento, nos revelando de onde viemos, onde estamos e o caminho que devemos seguir para alcançarmos a realização plena.

A constituição da Árvore da Vida

Inicialmente, a Árvore da Vida é composta por três partes distintas: as raízes, os ramos e os caminhos. As raízes correspondem ao tríplice aspecto do mundo imanifesto (Ain, Ain Sof e Ain Sof Aur) localizado acima do topo da Árvore; os ramos são formados pelas dez sefirot de tamanhos iguais, e os caminhos correspondem às vinte e duas interligações entre as sefirot. Essas vinte e duas interligações são representadas pelas vinte e duas letras do alfabeto hebraico, que, somando as dez sefirot, constituem os trinta e dois caminhos da sabedoria.

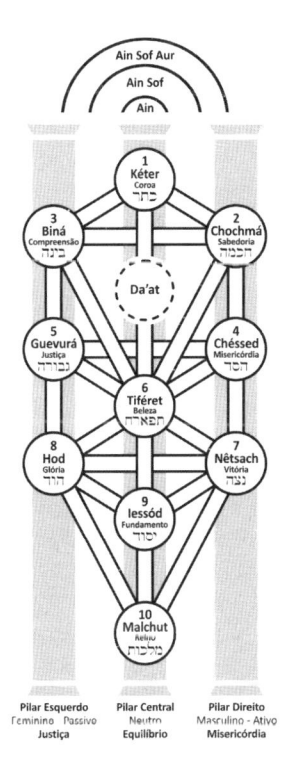

A Árvore da Vida também é constituída verticalmente por três pilares, de acordo com o princípio das três forças criadoras do universo: força ativa, força passiva e força neutra. O primeiro pilar, que corresponde à coluna direita, é chamado o Pilar da Misericórdia, que tem como atributo as potências masculinas, ativas; o Pilar da Severidade ou Justiça, localizado na coluna da esquerda, representa o princípio feminino, a força passiva; e o terceiro pilar, chamado o Pilar da Suavidade ou Equilíbrio, consiste no elemento harmonizador, conciliando as forças opostas através da neutralidade. Esse pilar tem a função de controlar o fluxo das energias que emanam das dez sefirot. O Pilar da Misericórdia tem a função de estabelecer "concessões sem limite", enquanto o Pilar da Severidade estabelece a "restrição sem limite", assim estabelecendo a ordem e harmonia no universo.

Como tudo na Cabala inicia-se a partir do princípio trino, a Árvore da Vida é formada por três triângulos equiláteros, e cada um desses é constituído por três sefirot, sendo uma com o princípio ativo, outra com o princípio passivo e uma terceira equivalendo ao princípio neutralizante. A primeira tríade (Kéter, Chochmá e Biná) corresponde à tríade superior, representando os atributos metafísicos da divindade, associados ao mundo intelectual, enquanto que as outras duas tríades de baixo (Chéssed, Guevurá, Tiféret e Nêtsach, Hod, Iessód) correspondem ao reflexo da superior, de acordo com a Lei da Correspondência: *"O que está em cima é como o que está em baixo, e o que está embaixo é como o que está em cima"* O Caibalion. Juntas formam a estrela de seis pontas, o hexagrama de Davi. A segunda tríade corresponde ao aspecto moral e a terceira ao aspecto do mundo físico. Malchut, a última sefira representa o conjunto de todos os aspectos unidos no mundo da ação.

A constituição da Árvore da Vida | 117

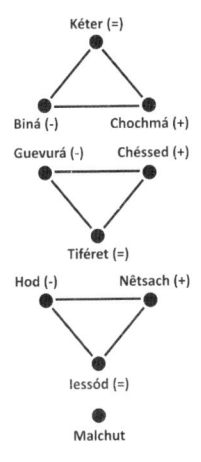

Diagrama da Árvore da Vida com as sefirot:
- Kéter (=)
- Biná (-), Chochmá (+)
- Guevurá (-), Chéssed (+)
- Tiféret (=)
- Hod (-), Nêtsach (+)
- Iessód (=)
- Malchut

A Árvore da Vida também representa o corpo de *Adam Kadmon*, chamado de o Homem Primordial segundo a Cabala, feito à imagem e semelhança do Criador. A Face Grande, formada pela tríade superior: Kéter, Chochmá e Biná; A Face Pequena formada pelas seis sefirot do meio da árvore: Chéssed, Guevurá, Tiféret, Nêtsach, Hod e Iessód. E a sefira Malchut, corresponde ao Adão caído e a toda realidade física.

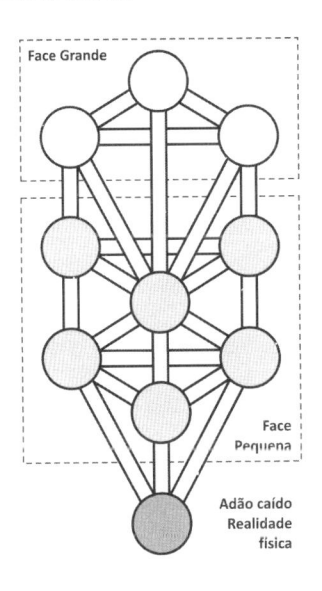

Diagrama mostrando a Face Grande (três sefirot superiores), a Face Pequena (seis sefirot do meio) e Malchut (Adão caído, Realidade física).

As 10 sefirot

"Dez sefirot do nada, dez e não nove, dez e não onze. Entende com sabedoria, sê sábio com entendimento. Examina com elas e sonda delas. Faz com que cada coisa se erga sobre sua essência, e faz o Criador sentar em sua base." Sêfer Ietsirá 1.4

A palavra *sefira*, no plural *sefirot*, do hebraico, inicialmente era traduzida como número ou contagem, representa as potências ou atributos emanados por Ain Sof, e na Árvore da Vida corresponde às esferas da criação, começando em Kéter (Coroa) descendo até Malchut (Reino). Segundo a Cabala, as sefirot correspondem simultaneamente à essência de Deus e ao recipiente que contém essa essência. Cada sefira recebe luz das que se encontram acima e enviam para as que estão em baixo. Cada ramo da árvore tem o seu número e nome correspondentes, e os seus atributos foram extraídos do Zohar, o *Livro do Esplendor*.

Os cabalistas encontraram através da codificação da Torá, Nomes Divinos correspondentes às dez sefirot:

1. Kéter, EHEIEH: Coroa do Ser.
2. Chochmá, IAH: Sabedoria Suprema do Criador.
3. Biná, IEVE: Inteligência Eterna.
4. Chéssed, EL: Deus Misericordioso.
5. Guevurá: ELOAH: A Justiça do Deus Vivo.
6. Tiféret: ELOIM: Beleza das Potências da Criação.
7. Nêtsach: IEVE TSEBAOTH: Vitória do Eterno Governador dos Mundos.
8. Hod, ELOIM TSEBAOTH: Glória Eterna das Potências Soberanas dos Mundos.

9. Iessód, SHADAI: Providência Divina Perpétua.
10. Malchut, ADONAI: Reino do Senhor.

"*As dez sefirot* são o segredo da existência, o aparato da sabedoria, o meio pelo qual os mundos de cima e de baixo foram criados." Rabi Moshé de Leon

As sefirot foram meticulosamente estudadas à base de muita reflexão, aprofundamento e contemplação por cabalistas de diversas gerações, e assim, graças a eles, temos hoje em nossas mãos um verdadeiro tratado, versando sobre essas emanações divinas com seus símbolos, arquétipos, associações com os elementos químicos, astrológicos e semânticos, que encontram-se presentes e atuantes em nossas vidas assim como em todo o universo. Abaixo iremos tratar sobre cada uma delas de forma bem detalhada:

1. **KÉTER:** O primeiro ramo da Árvore da Vida
   Número correspondente: 1
   Título: A Coroa
   Virtude: Realização
   Nome Divino: Eheieh
   Significado: Eu Sou o Que Sou, Eu Fui, Eu Sou, Eu Serei.
   Imagem Arquetípica: Rei barbado de perfil.
   Esfera Planetária: Netuno / Plutão (mais recente)
   Signo do Zodíaco: Escorpião
   Simbolismo Esotérico: A Suástica, um ponto no centro do círculo.
   Elemento Químico/Metal: Hidrogênio.
   Cor: Branco Radiante.
   Hierarquia Celeste: Arcanjo Metatron.
   Ordem Angelical: Chaioth ha Qadesh.
   Carta do Tarô: O Mago – O Homem – "Espada, Vontade e Poder"

Texto do Sêfer Ietsirá: "*O primeiro caminho é chamado de a Inteligência Admirável, a Coroa Suprema. É a luz que promove a compreensão do começo que não tem começo, e é também o Primeiro Esplendor. Nenhum ser criado pode alcançar a sua essência.*"

Kéter traz em si os três atributos constitutivos de todo o universo: Criador, Transformador e Mantenedor. Representa a força vital iniciadora e propulsora, a energia geradora em si mesma, a eternidade, a unidade que gera toda a diversidade. É a primeira e mais elevada sefira, co-eterna com Ain Sof, concebida como "Nada". No texto do Zohar ela é a manifestação da "vontade infinita", onde Kéter é chamada de "o Santo Ser Antigo".

Kéter encontra-se além da experiência humana, sua essência não pode ser compreendida pelos homens, como descrito pelo profeta Isaías: "*Porque os meus pensamentos não são os vossos pensamentos, nem os vossos caminhos os meus caminhos, diz o Senhor.*" Isaías 55.8

Kéter é a base de toda a Criação, transcendendo às leis que regem o universo, pois estas só passam a existir após a emanação das sefirot Chochmá e Biná. É o *tzimtzum*, o movimento de contração e expansão de Ain Sof, o ponto no centro do círculo.

Kéter também pode ser considerado como o elemento fundador de todas as religiões, simbolizando o princípio imutável e a condição de ser sem a diversidade. A fonte de inspiração de teólogos e filósofos, na tentativa de estabelecer uma relação entre o imanente e o transcendente.

Kéter nos convida a refletir sobre a qualidade e a substancialidade de nossos impulsos e vontades, as suas origens e suas finalidades. A vontade é a força motora que, por intermédio do pensamento, tem o poder de colocá-la em prática, pois vivemos no mundo da ação (Assiá). Essa reflexão nos leva à compreensão da vontade superior, como descrito no Novo Testamento: "*E não sede conformados com este mundo, mas sede transformados pela renovação do vosso entendimento, para que experimenteis qual seja a boa, agradável, e perfeita vontade de Deus.*" Romanos 12.2

Em Kéter desenvolvemos a virtude do altruísmo, a vontade de receber, não exclusivamente de forma egoísta, mas com a intenção de compartilhar, pois essa é a dinâmica de Kéter na Árvore da Vida, a distribuição da luz de Ain Sof por todas as sefirot.

2. **CHOCHMÁ:** O segundo ramo da Árvore da Vida
   Número correspondente: 2
   Título: Sabedoria
   Virtude: Devoção
   Nome Divino: Jehovah
   Significado: O Senhor
   Imagem Arquetípica: Homem barbado
   Esfera Planetária: Urano
   Signo do Zodíaco: Aquário
   Simbolismo Esotérico: A linha reta, O Lingam (falo), o Yod do Tetragrammaton.
   Elemento Químico/Metal: Urânio
   Cor: Cinza
   Hierarquia Celeste: Arcanjo Ratziel
   Ordem Angelical: Auphanim
   Carta do Tarô: A Sacerdotisa – A Mulher do Mago – "Ciência Oculta"
   Texto do Sêfer Ietsirá: "*O segundo caminho é chamado de Inteligência Inspiradora. É a Coroa da Criação e Esplendor da Unidade Suprema, da qual está mais próxima. É exaltado acima de todas as cabeças e distinguido pelos cabalistas como o Segundo Esplendor.*"

Chochmá corresponde à virtude da Sabedoria, a *sophia* dos gregos, o pensamento puro que o Criador utiliza para estabelecer o funcionamento do universo. É o poder da Luz Primordial, a força original que concebe a criação dos céus e da terra com todas as suas substâncias necessárias. Ela é a inspiração inicial da qual o Cosmos evoluiu. Pode ser considerada como "a planta" usada na criação das realidades físicas e espirituais, pois contém potencialmente consigo todas as leis que regem a criação e os seus princípios que determinam o seu pleno funcionamento. Nela encontra-se a raiz dos elementos constitutivos: fogo, ar, água e terra. Sua essência também é incompreensível para a razão humana.

A divisão é o fator essencial da ação divina para a manifestação de todas as coisas visíveis e invisíveis. Enquanto Kéter, o Uno Supremo, consiste na unidade indivisa, Chochmá é a expressão da dualidade, pois a Sabedoria Divina necessita das diferenças para o estabelecimento do universo. Essas diferenças irão manifestar-se continuamente como dualidade e polaridade, de acordo com o quarto princípio cósmico, o Princípio da Polaridade: *"Tudo é Duplo; tudo tem polos; tudo tem o seu oposto; o igual e o desigual são a mesma coisa; os opostos são idênticos em natureza, mas diferentes em grau; os extremos se tocam; todas as verdades são meias-verdades; todos os paradoxos podem ser reconciliados." O Caibalion.* Encontramos essas relações dialéticas com frequência nas lendas bíblicas, de forma dramatizada, através de confrontos familiares, como entre Caim e Abel, Isaac e Ismael, Esaú e Jacó, entre os ensinamentos esotéricos ensinados por Jesus e os ensinamentos exotéricos dos Fariseus, Davi e Golias, e outras infinidades de fábulas e alegorias nos mais diversos escritos sagrados de todas as culturas.

Outro aspecto de Chochmá, é a sua força vital fertilizante, dinâmica e expansiva, representada pelo símbolo fálico, o arquétipo do princípio masculino dos sexos, mas, que ainda não é o sexo propriamente concebido. Chochmá é o semeador das sementes do criador por todo o universo.

Chochmá é a fonte inesgotável do discernimento; essa sefira nos convida a uma profunda reflexão sobre como e de que forma estamos vivendo, em consonância com as leis cósmicas ou em desarmonia com elas? Fazemos parte da criação, logo, vivemos na duplicidade ou dialética, os opostos fazem parte do nosso aprendizado, sem a noite não poderíamos reconhecer o dia, sem o sofrimento não haveria alegria, e assim, a partir desse aprendizado, devemos antes de qualquer decisão, agir com discernimento, buscando a equanimidade nas decisões a serem tomadas, nunca esquecendo que bem e mal são faces da mesma moeda, e a sabedoria é o princípio dessa compreensão, fazendo com que jamais atentemos contra a nossa essência, pois quem pratica o mal ao próximo antes comete para si mesmo, pois somos todos um e tudo se encontra interligado. Lembre-se de que tudo, mas tudo mesmo, que acontece na vida, seja bom ou mau, contribui para o nosso aprendizado e consequentemente para a nossa evolução, como disse o cabalista Paulo de Tarso: *"E sabemos que todas as coisas contribuem juntamente para o bem daqueles que amam a Deus, daqueles que são chamados segundo o seu propósito."* Romanos 8.28

3. **BINÁ:** O terceiro ramo da Árvore da Vida
   Número correspondente: 3
   Título: Compreensão
   Virtude: Silêncio
   Nome Divino: Jehovah Elohim
   Significado: O Senhor Deus, Deus dos Deuses
   Imagem Arquetípica: Matrona
   Esfera Planetária: Saturno
   Signo do Zodíaco: Capricórnio
   Simbolismo Esotérico: A Taça, o Cálice
   Elemento Químico/Metal: Oxigênio
   Cor: Preto

Hierarquia Celeste: Arcanjo Tzaphkiel
Ordem Angelical: Aralim
Carta do Tarô: A Imperatriz – Mãe Divina – "Produção Material e Espiritual"
Texto do Sêfer Ietsirá: *"O terceiro caminho é chamado de Inteligência Santificada e é o alicerce da Sabedoria Primordial, denominada a Criação da Fé. É a mãe da Fé, de onde esta realmente emana."*

Biná corresponde à potência passiva feminina em oposição a Chochmá, masculino ativo; ambas formam a primeira polarização da manifestação.

Biná corresponde ao caminho número três na Árvore da Vida, a manifestação, representada como o grande útero cósmico com o seu poder gerador, também associada ao arquétipo da Grande Mãe em várias culturas, Gaia, Maria, Inanna, Ísis, entre outras. Apesar da sua característica passiva, também age de forma controladora, como uma mãe que dá limites a seus filhos, ora restringindo, ora doando. Como número três, seu símbolo arquetípico corresponde ao Cálice, o Santo Graal, sempre pronto para a recepção dos eflúvios cósmicos com a missão de preservar e reproduzir, e assim gerar uma nova vida.

A relação entre Biná e Chochmá, também chamada de "a polaridade extrema", ilustra a dependência mútua que estabelece o princípio dos opostos, entre a força e a forma, onde uma depende da outra para a realização possível de ambas. A força (Chochmá), com seu poder fertilizante, masculino, não poderia subsistir se não houvesse uma forma que pudesse contê-la, enquanto a forma (Biná), permaneceria vazia sem preenchimento da força expansiva. A interação acontece quando a força masculina se opõe à forma feminina da compreensão, assim elas se tornam complementares. Para os cabalistas, Biná é o ponto mais alto que podemos atingir em nosso processo de ascese, pois além dela não existe mais o "eu", dela em diante toda forma de compreensão é impossível.

Embora o seu princípio arquetípico seja feminino passivo como gênero, ainda assim não consiste em sexo, pois se encontra na primeira tríade, a tríade superior no nível da emanação (Olam Ha Atziluth). Ainda na leitura arquetípica do número três, Biná ilustra a passagem do tempo em três momentos: A Virgem, A Donzela Fértil e a Matrona, anciã estéril. A feminilidade é personificada de várias maneiras; como exemplo, na simbologia da *Anima Mundi*, grávida da vida por vir, e pelo grande mar, *Mara*, no qual toda a vida ganha forma. Corresponde também à Virgem Maria do cristianismo, virgem cujo útero ainda é imaculado; Ísis no Egito, chamada de a Rainha Profana dos Céus, e ainda Gaia dos gregos, representando tanto a mãe de Urano como a matrona maternal, possuidora de forte intuição, compreensão e prestimosidade.

No ramo de Biná, na Árvore da Vida, repousa sobre ela a segunda letra Hei, do Tetragrammaton Sagrado (YHVH), cujo significado em hebraico é janela, significando abertura, passagem, possibilitando não só o conhecimento interior como também uma visão aberta à vida e à transcendência.

Biná nos remete à lembrança de onde viemos, às causas de nossa "queda" e à possibilidade do arrependimento redentor, por isso a sua virtude maior é o silêncio, oportunidade para meditação, buscando a compreensão do sentido da vida, de onde viemos, onde estamos e para onde vamos. Ela nos convida a uma profunda reflexão sobre o sofrimento que causamos ao nosso próximo, de forma a estabelecermos o nosso Tikun, abrindo mão de todos os atos perniciosos que nos escravizam e geram males ao próximo. Biná nos oferece, através da meditação e da contemplação, o poder do perdão através da compreensão de tudo aquilo que vem gerando desgraças e fracassos em nossas vidas e na do nosso próximo, possibilitando a regeneração através da transformação das energias de pensamento e dos nossos atos, como o apóstolo cabalista Paulo disse: "*Bem-aventurados aqueles cujas iniquidades são perdoadas, e cujos pecados são cobertos.*" Romanos 4.7

4. **CHÉSSED:** O quarto ramo da Árvore da Vida
   Número correspondente: 4
   Título: Misericórdia
   Virtude: Obediência
   Nome Divino: El
   Significado: Deus, o Todo Poderoso
   Imagem Arquetípica: Rei coroado e entronado
   Esfera Planetária: Júpiter
   Signo do Zodíaco: Sagitário
   Simbolismo Esotérico: O cetro, bastão, cajado, os primeiros sólidos: Cubo, Pirâmide e Tetraedro,
   Elemento Químico/Metal: Carbono
   Cor: Azul
   Hierarquia Celeste: Arcanjo Tzadkiel
   Ordem Angelical: Chasmalim
   Carta do Tarô: O Imperador – "Mando, progresso, êxito e misericórdia"
   Texto do Sêfer Ietsirá: "*O quarto caminho é chamado de Inteligência Impressionante ou Receptora, porquanto surge como um limite para receber as emanações da inteligência superior que lhe é enviada. Daí emanam todas as virtudes espirituais, usando de sutileza, que por sua vez emana da Coroa Suprema.*"

A quarta sefira chamada Misericórdia, consiste no portal para a manifestação visível do universo. Esse ramo da Árvore da Vida revela que a força criadora corresponde a um princípio orientador de amor e bondade, representando o poder proativo e doador da vida, a expansão da vontade suprema em perfeita harmonia de ideias e pensamentos. Esse ramo retrata a compaixao e a vontade do Criador. O amor, a fé e a felicidade constituem o tríplice aspecto da natureza de Chéssed.

Por meio de Chéssed recebemos graça, amor e benevolência que nos beneficiam. Ela representa a doação incondicional, o altruísmo, o impulso incontrolável de expansão. É o Criador doando-se às suas criaturas de forma irrestrita, abrindo todas as portas de sua abundância infinita. Chéssed é o atributo que o Criador utilizou como instrumento supremo no processo de sua criação. Chéssed é a primeira sefira que pode ser concebida pela mente humana; ela representa a concepção dos conceitos abstratos, antes incompreensíveis, formulados pela primeira tríade, a tríade superior: Kéter, Chochmá e Biná.

Enquanto Chochmá recebe o título de Pai Todo-Onisciente, Todo-Gerador, Chéssed é concebida como o Pai Amoroso, protetor, generoso que perdoa seus filhos. Chéssed está localizada abaixo de Chochmá no pilar direito, masculino e por isso ela reflete qualidades paternais. Na mitologia grega, Chéssed é representada por Zeus, governante dos deuses e dos homens, e na mitologia Hindu, por Vishnu, o preservador. O espírito da caridade é o lema de Chéssed.

Chéssed nos convida a sermos benevolentes, indulgentes e misericordiosos. Quando agimos dessa forma, estamos ajudando a curar as feridas do mundo, pois esse padrão de conduta, baseado na misericórdia, na solidariedade e na compaixão, é extremamente terapêutico, tanto para aquele que age dessa maneira quanto para aquele que é beneficiado, estabelecendo a harmonia necessária para o aprimoramento ético, moral e espiritual da humanidade.

A caridade é um ato nobre e pode ser realizada de infinitas maneiras, material, mental e espiritualmente, através de preces e orações. Porém, Chéssed não se restringe apenas ao ato de doar, mas também à forma de receber humildemente e com profunda gratidão. É uma via de mão dupla, como descrito no final da sublime oração de São Francisco de Assis:

"Pois é dando que se recebe.
É perdoando que se é perdoado.
E é morrendo que se vive para a vida eterna."

Dessa forma, a essência de Chéssed estabelece o equilíbrio perfeito através da Lei de Causalidade, do dar e receber: *"Toda Causa tem seu Efeito; todo Efeito tem sua Causa; todas as coisas acontecem de acordo com a Lei; o Acaso é simplesmente um nome dado a uma Lei não reconhecida; existem muitos planos de causalidade, mas nada escapa à Lei;"* O Caibalion.

"Quem não ama não conhece a Deus, porque Deus é amor."
I João 4.8

5. **GUEVURÁ:** O quinto ramo da Árvore da Vida
   Número correspondente: 5
   Título: Justiça ou Severidade
   Virtude: Coragem
   Nome Divino: Elohim Gebor
   Significado: Deus das Guerras, Deus o Potente
   Imagem Arquetípica: Guerreiro em seu carro
   Esfera Planetária: Marte
   Signo do Zodíaco: Áries
   Simbolismo Esotérico: O Pentagrama, A Rosa de Tudor, de cinco pétalas
   Elemento Químico/Metal: Nitrogênio, Aço e Ferro
   Cor: Vermelho
   Hierarquia Celeste: Arcanjo Kamael
   Ordem Angelical: Serafim
   Carta do Tarô: O Hierofante, O Papa – "O Rigor, A Lei, O Carma"
   Texto do Sêfer Ietsirá: *"O quinto caminho é chamado de Inteligência Radical, por estar mais próximo da Unidade*

Suprema, e emanar das profundezas da Sabedoria Primordial."

A quinta sefira também recebe os títulos Din (Justiça) e Pachad (Temor). Guevurá representa a força que corrige e purifica, é a justiça em ação, estabelecendo o equilíbrio entre as forças; enquanto Chéssed age com brandura, Guevurá age com severidade, mas as duas polaridades são complementares. A Justiça de Guevurá tem a missão de extinguir a desigualdade e eliminar tudo aquilo que é supérfluo. É o arquétipo do disciplinador realista, o sacerdote sacrificial, o guardião das leis, o matador de dragões. Esse ramo da Árvore da Vida traz a consciência do bem e do mal, que ao mesmo tempo consiste no destino da humanidade e na sua proteção.

Guevurá é considerada como a mais disciplinada e vigorosa das sefirot, mas sua força não é voltada para o mal, e sim para o estabelecimento da conciliação entre elas. Chéssed e Guevurá se completam e estabelecem o equilíbrio de todo o cosmos.

O seu símbolo, o pentagrama, representa a postura ereta do ser humano, a quintessência dos alquimistas (Terra, Fogo, Água, Ar e Espírito), o pentateuco mosaico (Gênesis, Êxodo, Levítico, Números e Deuteronômio) e o pentateuco cristão (Mateus, Marcos, Lucas, João e Apocalipse). Enquanto Chéssed consiste na vontade doadora, construtiva de viver, Guevurá personifica a vontade destrutiva de não viver, e por extensão o desejo de morrer de acordo com o pensamento de Sigmund Freud na sua teoria da pulsão de morte. Esse ramo representa o carma, a lei cósmica imparcial de causalidade, tendo o seu oposto em Chéssed.

Guevurá, o ramo da severidade, caracteriza-se como o princípio governante, o tribunal metafísico do universo, pronto a estabelecer limites e restrições, é a razão em oposição à emoção de Chéssed. O número cinco desse ramo é formado pelo número um, a presença divina, e mais o quatro, o número da realização, o quaternário. Os cabalistas representam o cinco através dos dedos das mãos, onde o polegar é o divino e os outros quatro os elementos formadores da vida: o indicador simbolizando o fogo, o dedo médio, a terra, o anular, a água e o mínimo, o ar.

Guevurá nos convida a despertamos as nossas ambições de forma sadia e positiva, a força criativa que habita em cada um de nós, em especial os potenciais e dons artísticos inatos. A energia desta sefira nos impulsiona a tomarmos atitudes com coragem, determinação e, ao mesmo tempo, nos convida a controlar nossos impulsos através da restrição e da moderação, evitando excessos e dissabores. Com isso, Guevurá nos ensina que o estabelecimento de limites em tudo que fazemos e nas relações com os demais proporciona harmonia e equilíbrio, evitando desgastes desnecessários e perda de energia, provendo-nos, da força que nos permite o controle para vencermos tanto os nossos inimigos internos quanto os externos. Estabeleça uma relação íntima com a justiça de Guevurá e assim você estará a caminho de se tornar um Justo (Tsadik). Lembre-se do versículo bíblico: *"Mas buscai primeiro o reino de Deus, e a sua justiça (Guevurá), e todas estas coisas vos serão acrescentadas."* Mateus 6.33

6. **TIFÉRET:** O sexto ramo da Árvore da Vida
   Número correspondente: 6
   Título: Beleza
   Virtude: Dedicação à Grande Obra
   Nome Divino: Jehovah Eloah Ve-Daath
   Significado: Deus o Forte
   Imagem Arquetípica: Rei Majestoso, Criança, Rei Sacrificado
   Esfera Planetária: Sol
   Signo do Zodíaco: Leão
   Simbolismo Esotérico: O Hexagrama (Estrela de Davi)
   Elemento Químico/Metal: Ouro

Cor: Amarelo
Hierarquia Celeste: Arcanjo Rafael
Ordem Angelical: Malachim
Carta do Tarô: O Enamorado
Texto do Sêfer Ietsirá: *"O sexto caminho é chamado de Inteligência da Influência Mediadora, visto que nele o fluxo das emanações é multiplicado. O sexto caminho comunica essa afluência àqueles homens abençoados que se unem a ele."*

Tiféret é uma emanação direta das energias de Kéter (Pai), como descrito no versículo bíblico *"Eu e o Pai somos Um"* João 10.30, e por isso simboliza harmonia e equilíbrio, não é à toa que essa sefira se localiza bem no centro da Árvore da Vida, estabelecendo o equilíbrio das forças do cosmos. É nessa vibração de Tiféret que a luz se transforma em amor radiante, e este, por sua vez, em vida. Esse amor é demonstrado em outro versículo da bíblia: *"Porque Deus amou o mundo de tal maneira que deu o seu Filho (Tiféret) unigênito, para que todo aquele que nele crê não pereça, mas tenha a vida eterna."* João 3.16.

Esta sefira expressa teologicamente dois eventos distintos, por isso ela também é chamada no Tarô de o Arcano da Indecisão; primeiro, o desejo *infinito* do Criador e a disposição de aceitar a limitação e manifestar-se na matéria, na condição humana, *finita*; e em seguida o sacrifício voluntário, culminando na degradação desse corpo físico. É através dessa livre renúncia ilimitada e incondicional que se chega à ressurreição, no caminho de retorno direto para a Divindade.

"Que, embora sendo Deus, não considerou que o ser igual a Deus era algo a que devia apegar-se; mas esvaziou-se a si mesmo, vindo a ser servo, tornando-se semelhante aos homens." Filipenses 2.6-7

"Disse-lhe Jesus: "Eu sou a ressurreição e a vida. Aquele que crê em mim, ainda que morra, viverá." João 11.25

Tiféret (Beleza) unida a Chéssed (Misericórdia) e a Guevurá (Justiça), forma a segunda tríade da Árvore da Vida, onde a virtude resultante dessa união pode ser chamada de Clemência. Na análise arquetípica de Tiféret como símbolo de uma Criança, podemos ver a irrupção do novo, da novidade de vida, o Filho, esse que pelas forças contrárias da evolução acabará sendo sacrificado como redentor, a imagem do Cristo Rei, também associado aos mitos de Osíris, Quetzalcoatl, Rama, Apolo, Buda Gautama, Krishna, Oxalá, Mitra entre outros; símbolos do servo sofredor e redentor da humanidade, aqueles que despertaram o seu Eu Superior e transcenderam, atingindo a iluminação, a realização completa, o seu *self*.

Tiféret está associado ao coração, órgão misticamente conhecido como o local onde se encontra a centelha divina, a alma, o princípio vivente nos seres, e, segundo a tradição cristã primitiva gnóstica, essa sefira corresponde à luz que vem do alto e transforma-se em vida, e o Logos (O Verbo) torna-se carne, é o Tu defrontando-se com o Eu Sou vindo do alto, e assim estabelecendo o conceito de Filho de Deus, Avatar, enviado ou Messias.

Tiféret também é representado na Cabala pela letra hebraica Vav, a terceira letra do Tetragrammaton Sagrado, que significa prego ou gancho, ou seja, aquilo que fixa e une o que está em cima com o que está em baixo, a relação direta do Pai com o Filho, do mundo material com o mundo espiritual, como descrito no versículo bíblico: *"Em verdade vos digo que tudo o que ligardes na terra terá sido ligado nos céus, e tudo o que desligardes na terra terá sido desligado nos céus."* Mateus 18.18

Tiféret nos chama à reflexão para o equilíbrio interno e externo, não apenas no sentido de moderação e harmonia, mas também na tarefa da reconciliação entre dois ou mais indivíduos, ou seja, como ela é a sefira harmonizadora entre a Misericórdia (Chéssed) e a Justiça (Guevurá), devemos, antes de tomar qualquer decisão ou posição contra alguém, uma postura justa, não guiada apenas pelo coração ou pela razão, pois dessa forma a reconciliação será estabelecida sem perdas para nenhum dos lados. A combinação entre a harmonia e a verdade gera o espaço para a compaixão em qualquer circunstância.

7. **NÊTSACH:** O sétimo ramo da Árvore da Vida
   Número correspondente: 7
   Título: Vitória
   Virtude: Abnegação e desprendimento
   Nome Divino: Jehovah Tzabaoth
   Significado: O Senhor dos Exércitos
   Imagem Arquetípica: Bela mulher despida
   Esfera Planetária: Vênus
   Signo do Zodíaco: Libra – Touro
   Simbolismo Esotérico: Castiçal de sete ramos (Menorah), lâmpada, cinto, rosa
   Elemento Químico/Metal: Cobre
   Cor: Verde
   Hierarquia Celeste: Arcanjo Haniel
   Ordem Angelical: Elohim
   Carta do Tarô: O Carro, O Triunfo – "Guerras, lutas, expiação, dor e amargura"
   Texto do Sêfer Ietsirá: *"O sétimo caminho é chamado de Inteligência Oculta, pois emite brilhante esplendor em todas as virtudes intelectuais contempladas com os olhos do espírito e com o êxtase da fé."*

Nêtsach, o sétimo ramo da Árvore da Vida, além do atributo da vitória, também possui o atributo da firmeza, pois consiste no número sete, o sustentáculo de toda a ordem da Criação, a soma de três (espiritual-manifestação) mais quatro (material-realização). De sua natureza, uma abundância de fortes emoções, manifestadas de quatro formas: instinto, intuição, desejo e amor intenso, romântico ou até sensual.

Como o ramo número sete da Árvore da Vida, Nêtsach expressa a ideia fundamental de perfeição alcançada através do processo de evolução cíclica. Em nível individual, pode significar a realização pessoal, como descrito em Gênesis, onde Deus "cria" o universo em seis dias e no sétimo "contempla" a sua realização. Essa sefira também representa a imposição do Criador, o domínio, a conquista ou a capacidade de vencer.

Nêtsach nos conduz à reflexão sobre os nossos instintos e emoções, fazendo-nos reconhecer nossos impulsos naturais, instantâneos e reativos, que muitas vezes atrapalham a nossa evolução. Dessa maneira podemos identificar o quanto nos ocupamos das tarefas cotidianas de forma automática sem o estado de presença necessário para o perfeito desenvolvimento da nossa essência como Ser.

Quanto à intuição, Nêtsach nos desperta para a percepção direta e infalível da verdade, o acesso a realidade dos 99%, o campo da totalidade, como dizia C. G. Jung: *"A questão não é atingir a perfeição, e sim a totalidade."* A reflexão em Nêtsach nos possibilita a abertura aos *insights*, a possibilidade de estar aberto à vontade cósmica, fluindo através das sincronicidades de forma consciente, como diz um velho ditado: *"A imaginação é humana, a intuição é divina."*

Em relação aos desejos, Nêtsach nos convida a observar a origem desses sentimentos, lembrando que a nossa natureza é desejosa, enquanto a do Criador é doadora. Os desejos, no fundo, expressam necessidades a serem satisfeitas, tanto em nível consciente quanto inconsciente, sejam eles bons ou maus. Esses sentimentos são muito instigantes e, não sendo identificados corretamente, podem nos levar a círculos viciosos e até à ruína. O sentimento de desejo em si não é ruim, é uma pulsão natural; a partir do momento em que você sabe direcioná-los para caminhos edificantes, assumindo o controle de seus impulsos, eles se tornam realidades construtivas. Aquele que compreende os seus níveis de desejo é um vitorioso.

Em relação ao amor em Nêtsach, é algo complicado, pois esse sentimento não pode ser controlado com facilidade por quem o sente, porém, sua expressão pode ser redirecionada para objetivos elevados, como a caridade e a benevolência. O amor consiste na energia suprema motora do universo. Essa energia se reflete na vida como que através de um caleidoscópio, formando infinitamente novos padrões a todo instante refletindo na Árvore da Vida, seja na centelha de Eros, presente na sefira oculta Da'at, na compaixão profunda de Chéssed ou ainda na beleza espiritual da serenidade divina encontrada em Tiféret. Em Nêtsach, devemos transformar o sentimento de amor avassalador e possessivo em uma expressão de amor sublime e altruísta.

8. **HOD:** O oitavo ramo da Árvore da Vida
   Número correspondente: 8
   Título: Glória em Esplendor
   Virtude: Verdade
   Nome Divino: Elohim Tzabaoth
   Significado: O Deus dos Exércitos
   Imagem Arquetípica: Hermafrodita
   Esfera Planetária: Mercúrio
   Signo do Zodíaco: Gêmeos – Virgem
   Simbolismo Esotérico: Caduceu, nomes, versículos, avental
   Elemento Químico/Metal: Mercúrio
   Cor: Laranja
   Hierarquia Celeste: Arcanjo Miguel
   Ordem Angelical: Beni-Elohim

Carta do Tarô: A Justiça – "Sofrimentos, provas e dor"
Texto do Sêfer Ietsirá: "*O oitavo caminho é chamado de Inteligência Perfeita e Absoluta. O preparo dos princípios emana daí. As raízes às quais ele se prende se encontram nas profundezas da Esfera da Magnificência, de cuja substância emana.*"

Hod também tem, como atributos, esplendor e empatia. Essa sefira permite que as energias sejam repassadas de forma aceitável a quem as recebe. Sua qualidade espiritual reflete os atributos da humanidade e reconhecimento, sendo responsável pela criação, dentro de uma relação do espaço deixado para o outro; em outras palavras, Hod representa a submissão permissiva da existência, tanto do bem quanto do mal.

Essa sefira encontra muitos desafios em sua posição na Árvore da Vida, em função de estar ao lado da sefira número sete (Nêtsach-Vitória) com suas emoções e instintos intensos, e abaixo da sefira número cinco (Guevurá-Justiça) com sua justiça severa. Mas com sua capacidade de comparação e conclusões lógicas através de um intelecto aguçado, Hod consegue superar essas tensões ao seu redor com soluções práticas e construtivas.

Hod é uma sefira dinâmica, regida pelo planeta Mercúrio, arquetipicamente associado ao Deus grego mensageiro do Olimpo, Hermes, e no Egito a Toth. Mercúrio é o pontífice entre Deus e a humanidade, suas sandálias aladas simbolizam a capacidade intelectual a ponto de ser considerado o senhor dos livros e do saber. A essa sefira são atribuídos os dons da memória e da inspiração, conferindo-lhe o poder e a autoridade de acessar os arquivos mentais da grande consciência cósmica, que na Cabala chamamos de mundo dos 99%.

O Caduceu, chamado de bastão de Mercúrio, é composto por um cetro central entrelaçado por duas serpentes gêmeas, o mesmo símbolo arquetípico da Árvore da Vida, demonstrando a realidade dual, a constante batalha da humanidade entre a paixão e a razão, o desejo e a lógica, Sua referência analógica encontra-se associada ao Princípio Hermético da Correspondência: *"O que está em cima é como o que está em baixo, e o que está em baixo é como o que está em cima." O Caibalion.*

Hod, o oitavo ramo da Árvore da Vida, também nos remete ao Caminho Óctuplo sugerido por Buda Gautama, orientando para as atitudes humanitárias. Consiste em um caminho de despertamento através do autoconhecimento, onde nos tornamos cada vez mais amigos de nós mesmos, conforme descrito na Bíblia: *"mas amarás o teu próximo como a ti mesmo."* (Levítico 19.38,34; Marcos 12.31 e Mateus 19.19, 22.39). Quanto mais descobrimos quem realmente somos, nos tornamos mais íntimos e amorosos conosco. Logo, Hod nos convida a utilizar o poder do intelecto para a reflexão sobre quem realmente somos e qual é o nosso propósito aqui e agora, perante a humanidade, de forma a estabelecer de modo significativo paz, justiça e bem-estar a todos que se encontram em nossa volta.

9. **IESSÓD:** O nono ramo da Árvore da Vida
   Número correspondente: 9
   Título: O Fundamento
   Virtude: Independência
   Nome Divino: Shaddai El Chai
   Significado: O Deus Vivo Todo-Poderoso
   Imagem Arquetípica: Belo homem despido
   Esfera Planetária: Lua
   Signo do Zodíaco: Câncer
   Simbolismo Esotérico: Perfumes, sandálias, divindades lunares
   Elemento Químico/Metal: Quartzo (Cristal)
   Cor: Violeta
   Hierarquia Celeste: Arcanjo Gabriel

Ordem Angelical: Querubim
Carta do Tarô: O Eremita – "A iniciação. Solidão e sofrimentos"
Texto do Sêfer Ietsirá: *"O nono caminho é chamado de Inteligência Purificadora. Purifica os cálculos, impede e detém a fragmentação de suas imagens, pois estabelece a sua unidade, preservando-as da destruição e das divisões através da união consigo mesma."*

O nono ramo da Árvore da Vida possui muitas qualidades contraditórias, por isso existe muita dificuldade para sua melhor compreensão. Iessód, como fundamento, possui diversas atribuições: a máquina universal, a universalidade da vida, o agente purificador de emanações, o fundamento das igrejas, a roupagem visível de uma estrutura invisível, a visão da independência e o tesouro da casa das imagens. Representa a reciprocidade equilibrada numa relação. É a sede da vida psíquica, a esfera de Maya, capaz de conduzir a humanidade a um estado psíquico de confusão ou à verdadeira intuição. Também age como meio de comunicação, o veículo de transporte de uma condição para outra, como um portal. É a dimensão onde reside o prazer pelas questões físicas e espirituais; o vínculo mais potente que pode existir entre dois indivíduos e também entre o ser humano e o Criador.

Iessód está associada à Lua, astro que tem forte influência em nosso planeta, proporcionando um fluxo alternado das marés, produzindo o intercâmbio incessante entre solidez e fluidez, sendo, consequentemente, o alicerce de toda a "vida que respira". Essa ordem de movimento ritmado é responsável pela divisão entre a infinitude e a eternidade em uma medida essencial de espaço e tempo, pois logo em seguida, na décima sefira, Malchut (Reino), o plano físico se estabelecerá e serão necessários o tempo e o espaço. Não pode ser de outra maneira, pois a imensidão do espaço só pode ser concebida através do movimento ritmado do tempo, e vice-versa, de acordo com o Princípio Universal de Ritmo: *"Tudo tem fluxo e refluxo; tudo tem suas marés; tudo sobe e desce; tudo se manifesta por oscilações compensadas; medida do movimento à direita é a medida do movimento à esquerda; o ritmo é a compensação."* O Caibalion.

Em Iessód surgem os corpos etérico e astral no ser humano, ansiosamente aguardando a próxima etapa de formação em Malchut, o último ramo da Árvore da Vida, estabelecendo o estado físico da matéria. Iessód também está diretamente relacionado com os órgãos sexuais reprodutores, carregando toda a força de procriação, a libido e o impulso gerador de vida. Segundo a Cabala, Iessód está associado metaforicamente com a passagem bíblica da abertura do mar Vermelho, onde o povo hebreu "renasce passando entre as águas" para uma nova vida, após libertar-se da condição de escravidão no Egito. Iessód também representa de forma arquetípica a Arca da Aliança e o Sagrado Tabernáculo presente nas igrejas e templos do mundo inteiro. Na mitologia grega, corresponde a Atlas, o Titã que carrega em seus ombros todo o peso do mundo, e ainda a uma grande variedade de deuses fálicos, como Zeus, Júpiter e Pan.

A dinâmica de Iessód é semelhante à Maiêutica de Sócrates, que tem como significado "dar à luz, parir", ou seja, um método que pressupõe que a verdade se encontra latente dentro de cada ser humano, podendo aflorar progressivamente na medida em que se buscam respostas através de novas perguntas, e assim, novas realidades vão surgindo.

Iessód nos convida a despertar os nossos potenciais criativos inatos; como Moisés no deserto, que vira a provisão de Deus no "nada", assim devemos agir, enxergando possibilidades onde aparentemente não enxergamos nada. As necessidades geram oportunidades, e é nesse momento que Iessód se manifesta, nos fazendo intuir o caminho que devemos seguir. Lembremos que todas as grandes invenções e feitos revolucionários surgiram através de processos intuitivos e algumas até em situações inusitadas e acidentais, demonstrando a manifestação de Iessód no processo preparatório para a realização e concretude dos planos superiores.

10. **MALCHUT:** O décimo ramo da Árvore da Vida
    Número correspondente: 10
    Título: O Reino
    Virtude: Discriminação
    Nome Divino: Adonai Malekh, Adonai Ha Aretz
    Significado: O Senhor e Rei
    Imagem Arquetípica: Jovem mulher, coroada e entronada
    Esfera Planetária: Terra
    Signo do Zodíaco: Todos
    Simbolismo Esotérico: Cruz de braços iguais, cubo duplo, círculo mágico
    Elemento Químico/Metal: Sal, barro da terra
    Cores: citrino, verde-oliva, castanho avermelhado e preto
    Hierarquia Celeste: Sandalphon
    Ordem Angelical: Ishim
    Carta do Tarô: A Roda da Fortuna – "Bons negócios"
    Texto do Sêfer Ietsirá: *"O décimo caminho é chamado de Inteligência Resplandecente, porquanto é exaltado acima de todas as cabeças e tem sua sede em Biná; ilumina o fogo de todas as luzes e emana o poder do princípio das formas."*

Malchut é o reino da vida orgânica, a Shekinah de Deus, o aspecto imanente do Criador, como diz no Evangelho de Tomé: *"o reino do pai estende-se pela Terra, e os homens não o veem."* Nessa última sefira da Árvore da Vida, tudo se encontra inter-relacionado e interdependente dentro da estrutura dos quatro elementos constitutivos: terra, fogo, água e ar. A humanidade, assim como todos os seres viventes, depende totalmente desses quatro elementos. Sem o fogo não teríamos luz e calor para nos aquecer, sem o ar, deixaríamos de respirar, sem a água não haveria possibilidade de sobrevivência, e sem esses três não poderíamos cultivar o solo a partir do quarto elemento, a terra.

O Reino de Malchut é simbolizado pelo número dez, que tem significado especial para os cabalistas, pois dez corresponde na gematria a um (1+0=1), a unidade indivisível, a mônada[20], e encontra-se tanto na primeira sefira da Árvore da Vida, Kéter quanto na última, Malchut, de acordo com o Princípio da Correspondência: *"O que está em cima é como o que está embaixo, e o que está embaixo é como o que está em cima."* O Caibalion.

Malchut representa a última sefira da Árvore da Vida; ela não possui nada, sua existência depende totalmente das virtudes emanadas pela luz de Ain Sof através da Árvore da Vida; eis a razão que define a nossa essência como seres humanos desejosos, receptáculos a serem preenchidos constantemente. Malchut é o recipiente final, o último elemento de um encadeamento que se inicia na Vontade do Criador e alcança a sua realização neste mundo material. Malchut se encontra no mundo da ação, Olam Ha Assiá, onde o que prevalece é o fazer, realizar as boas obras carregadas de bons pensamentos e intenções.

Malchut é também chamada arquetipicamente de "Mãe Inferior", como reflexo da Grande Mãe Eterna Superior, situada na terceira sefira da Árvore da Vida, Biná. Também recebe o título de Noiva, aquela que aguarda o Rei, com o intuito de tornar-se a Rainha do Reino como descrito no Livro do Apocalipse: *"Então veio um dos sete anjos que têm as sete taças cheias dos últimos sete*

---

20 O número um ou mônada, foi definido pelo matemático Theon de Esmirna como "o principal e o elemento dos números, que enquanto totalidade pode decrescer por subtração, o um no entanto é ele mesmo desprovido de todo número e pertence estável e firme." – WESTCOTT. W. Wynn, Os Números – Seu poder oculto e suas virtudes místicas, Ed. Pensamento – SP – pag.31.

flagelos e falou comigo, dizendo: Vem, mostrar-te-ei a noiva, a esposa do Cordeiro." Apocalipse 21.9. O Noivo é Tiféret, a sexta sefira, filho do Rei, Kéter, a primeira sefira, que se encontra no mesmo pilar central em que se encontra Malchut, acima de Iessód, local onde ocorrem as núpcias e a noiva se torna Rainha da Terra, onde finalmente, a causa primordial alcançara seu efeito último na totalidade da vida, da natureza e da humanidade. Assim, atingindo a estabilidade, da unidade e da harmonia, as formas incontáveis da matéria finita tornam-se uma.

A mensagem de Malchut nos desperta para a realidade de que estamos aqui apenas de passagem, nada nos pertence e, como disse Buda, que todo composto é perecível, e o Livro de Eclesiastes falando acerca do tempo para todas as coisas. A reflexão em Malchut nos conduz ao entendimento de que tudo é transitório e passageiro, exceto a nossa essência, que segundo a Cabala é imortal.

Síntese da Árvore da Vida

"Deus é, pois, a Potência ou Coroa Suprema (Kéter) que repousa sobre a Sabedoria Imutável (Chochmá) e Inteligência Criadora (Biná). Nele reside a Bondade (Chéssed) e a Justiça (Guevurá), que são o ideal da Beleza (Tiféret). Nele há movimento sempre Vitorioso (Nêtsach) e o Grande Repouso Eterno (Hod). A sua vontade é uma Geração contínua (Iessód), e o seu Reino (Malchut) é a imensidade que povoa os universos." Francisco V. Lorenz

A Árvore da Vida manifestou-se através dos seus dez ramos inteiramente desenvolvidos. Através da dinâmica das nove primeiras sefirot, estabeleceu-se na décima a perfeita estabilidade autorreguladora de todo o Universo. A Unidade indiferenciada culmina na multiplicidade harmônica.

É na décima sefirot que nos encontramos, no mundo da ação (Olam Ha Assiá), no Reino dotado de tempo e espaço relativos, manifesto por meio dos quatro elementos constitutivos na natureza: ar, fogo, água e terra.

No nosso planeta, a grande consciência do grande EU SOU, da Unidade Suprema, se manifesta visivelmente através da humanidade e da natureza. "Respondeu-lhes Jesus: "Em verdade, em verdade vos asseguro: antes que Abraão existisse, Eu Sou." João 8.58.

Na materialidade terrena, como receptáculo de tudo o que é transitório e perecível, todas as coisas viventes encontram-se constantemente sujeitas ao atrito, de forma a serem lapidadas e aprimoradas segundo o ritmo da evolução natural das espécies, com um propósito maior: a divinização do humano, porquanto somos a glória do grande plano do Criador e, por decreto divino, cocriadores, transformadores e mantenedores de toda a sua criação. Logo, cabe a cada um de nós, eleitos guardiães da natureza, observadores das leis cósmicas das ordens físicas e espirituais, zelar pela ordem e harmonia de todo o meio ambiente.

Nossa tarefa aqui no Reino é cuidar da Árvore da Vida, semeando e regando de forma a produzir boas sementes, para que posteriormente possamos todos colher e compartilhar de seus frutos, que são em essência: Vida, Luz e Amor.

Os 32 Caminhos da Sabedoria

"Através dos 32 misteriosos caminhos da sabedoria, o Senhor Deus criou o seu universo... com dez inefáveis sefirot... e vinte e duas letras básicas." Sêfer Ietsirá

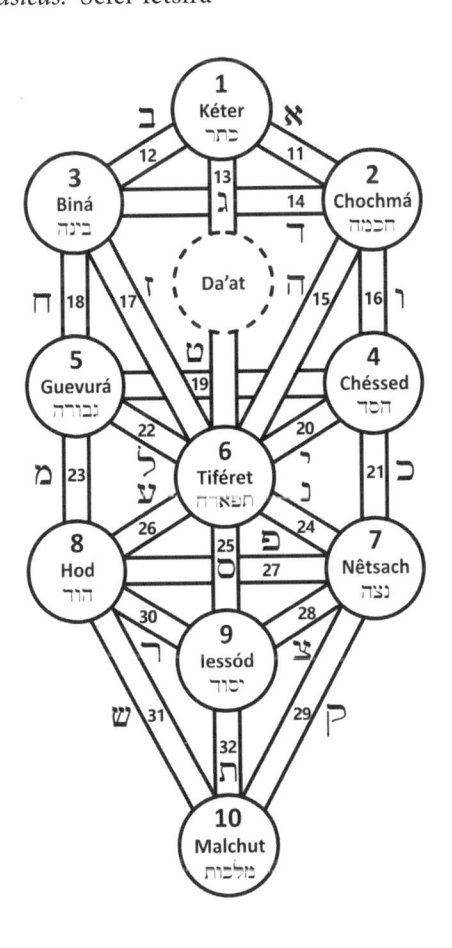

Depois da breve explanação no capítulo anterior sobre as dez emanações da Árvore da Vida. A partir de agora vamos estudar os 32 Caminhos da Sabedoria, também chamados de "Jornada pelos Caminhos". Os 32 Caminhos da Sabedoria na Árvore da Vida são formados pelas dez sefirot e as vinte e duas letras do alfabeto hebraico, correspondendo às interligações entre os ramos da Árvore da Vida.

Os trinta e dois Caminhos da Sabedoria, consistem no sistema utilizado pelo Criador. Segundo a Cabala, esses caminhos representam diferentes estados de consciência. Estes estados estão relacionados com as trinta e duas vezes que o Nome de Deus (Elohim) é mencionado no primeiro capítulo do livro de Gênesis na Torá.

A partir desse contexto, os ramos e os caminhos da Árvore da Vida são concebidos e formados como instrumentos para os sons da criação, pois, segundo a tradição, Deus utilizou três poderes para a criação do universo: os números, o som e a escrita.

Essas letras, possuidoras de valor numérico, sonoridade e grafia, foram a ferramenta que Deus utilizou para criar e produzir os elementos, os planetas, o zodíaco e todos os organismos vivos presentes no universo e os que ainda virão, conforme descrito no Sêfer Ietsirá: *"Ele formou através das letras toda a criação e tudo ainda por ser criado."* Livro da Formação 2.2

Os dez ramos da Árvore da Vida, que correspondem aos números de um a dez, são emanações diretas de Ain Sof, ou seja, forças naturais, substâncias da criação, esferas criativas, referentes tanto ao universo quanto à humanidade. Os vinte e dois caminhos, formados pelos números do onze ao trinta e dois, constituem estados de consciência em nível arquetípico, consequentes dos efeitos da criação, contendo em si mensagens psicológicas, através das quais o ser humano pode expandir a consciência aos níveis interior e exterior.

Vamos agora analisar os vinte e dois caminhos com suas respectivas características e atributos relacionados a nossa vida.

11º Caminho: o caminho da inteligência do fogo ou cintilante, também chamado de consciência deslumbrante (Séchel Metsuch'tsach), pois é considerada a essência do véu colocado ante as disposições e a ordem das sementes superiores e inferiores. É a indicação dos caminhos (Netivot) por onde o homem pode se dispor diante da Causa das Causas, buscando uma aproximação maior com o Criador. Interliga a Coroa Suprema (Kéter) à Sabedoria (Chochmá), unindo o Pilar da Suavidade ao da Misericórdia, conectando o Ente Supremo ao masculino criativo. Esse caminho é representado pela letra Alef, sua cor é o branco luminoso e seu Arcano Maior do Tarô, O Louco, o Arcano do amor.

12º Caminho: o caminho da inteligência da luz ou transparência, também chamado de consciência brilhante (Séchel Bahir), pois é considerada a essência da Ofan-roda da Grandeza[21], o lugar de onde provêm as visões e intuições que os profetas e videntes costumam receber. É um chamado para estarmos mais abertos às mensagens que vêm do alto. Interliga a Coroa Suprema (Kéter) à Compreensão (Biná), formando uma ponte entre os Pilares da Suavidade e da Severidade, unindo o Ente Supremo ao feminino. Esse caminho é representado pela letra Bet, sua cor é amarelo dourado e seu Arcano Maior do Tarô, O Mago, o Arcano da mística.

13º Caminho: o caminho da inteligência condutora da unidade ou unificadora, também chamado de consciência diretora da unidade (Séchel Man'high Achdut), representa a essência da glória, culminando na verdadeira essência de todos os seres espirituais unificados. Tem como mensagem o conhecimento da realidade espiritual a todos os seres. É um caminho normalmente trilhado por espíritos elevados que já alcançaram a visão do Cria-

---

21 Grandeza (Gedulah) é o nome primitivo da sefira Chéssed, identificado no versículo 1 do Livro de Crônicas 29;11. O Ofan é um anjo de Assiá, Mundo da Ação. Ver Pardes Rimonim 1:7.

dor no nível da consciência crística ou búdica. Interliga a Coroa Suprema (Kéter) à Beleza (Tiféret), o Rei no Pilar da Suavidade, também unificando os dois triângulos da Árvore da Vida, o Superior, formado por Kéter, Chochmá e Biná, e o Ético, formado pelas sefirot Chéssed, Guevurá e Tiféret. Esse caminho é representado pela letra Guimel, sua cor é o azul, e seu Arcano Maior do Tarô, A Sacerdotisa, o Arcano da gnose, do conhecimento.

14º Caminho: o caminho da inteligência iluminativa dos Arcanos, luminosa, também chamado de consciência iluminadora (Séchel Meir), que corresponde à essência da Voz do Silêncio (Chashmal), que tem por objetivo a instrução em relação aos sagrados segredos e suas estruturas. Nesse caminho somos convidados a buscar os fundamentos da santidade. Interliga a Sabedoria (Chochmá) à Compreensão (Biná), aos Pilares da Misericórdia e da Severidade. É o caminho do masculino ao feminino, da razão à intuição, das vibrações de energias criativas para as vibrações de energias receptivas. Esse caminho é representado pela letra Dalet, sua cor é o verde, e seu Arcano Maior do Tarô, A Imperatriz, o Arcano da magia.

15º Caminho: o caminho da inteligência constitutiva ou organizadora que compõe a Criação no calor do mundo, também chamada de consciência estabilizadora (Séchel Ma'amid), em função de sua responsabilidade em manter a estabilidade da essência da Criação na "Escuridão da Pureza"[22], essa que os Sábios cabalistas dizem que é a escuridão no Sinai, um momento propício para a introspecção e reavaliação da vida, de forma a restabelecer a ordem em meio ao caos. Esse caminho interliga a Sabedoria (Chochmá) à Beleza (Tiféret), o Rei, unindo os Pilares

---

22 Arpile Tohar em hebraico, Essa expressão se encontra no serviço de Mussaf de Rosh Hashaná ao princípio do Shofarot, relacionando-se com a revelação no Sinai à Moshé. Ver também *Sefer Halyun*, em A. Jellinek, Guinze Chochmat HaCabala, p. 11, onde é identificada com o *Chasmal*.

da Misericórdia com o da Suavidade, conectando o ângulo-base positivo do triângulo Superior ao raio unificador do triângulo Ético. Esse caminho é representado pela letra Hei, sua cor é o carmesim que significa realeza, e seu Arcano Maior do Tarô, O Imperador, o Arcano da filosofia hermética e da obediência.

16º Caminho: o caminho da inteligência triunfante e eterna, também chamado de consciência resistente (Séchel Nits'chi), o Paraíso do Éden, onde não há glória inferior a ela, como diz o Apóstolo Paulo: *"Estou absolutamente convencido de que os nossos sofrimentos do presente não podem ser comparados com a glória que em nós será revelada."* Romanos 8.18. O caminho daqueles que se encontram preparados para entrar no Reino dos Céus, o paraíso das volúpias destinado aos Justos (Tzadik). Interliga a Sabedoria (Chochmá) à Misericórdia (Chéssed), ambos no Pilar da Misericórdia. Esse caminho é representado pela letra Vav, sua cor é vermelho-laranja, e seu Arcano Maior do Tarô, O Hierofante, o Arcano da transcendência e da pobreza.

17º Caminho: o caminho da inteligência dispositiva ou sensível, também chamado de consciência dos sentidos (Séchel haHerguesh), aquela que desperta nos santos a condição para que possam revestir-se com o espírito da santidade, dispondo os pios à fidelidade, tornando-os, assim, aptos a receber o Espírito Santo. Mais um convite à santidade: *"Mas, como é santo aquele que vos chamou, sede vós também santos em toda a vossa maneira de viver; Porquanto está escrito: Sede santos, porque eu sou santo."* I Pedro 1.15,16. Interliga a Compreensão (Biná) com a Beleza (Tiféret), unindo o Pilar da Severidade com o da Suavidade, o ângulo-base negativo do triângulo Supernal com o raio de união do triângulo Ético. Esse caminho é representado pela letra Zayin, sua cor é o laranja, e seu Arcano Maior do Tarô, Os Amantes, o Arcano da iniciação e do livre arbítrio.

18º Caminho: o caminho da inteligência ou Casa da Afluência, também chamado de consciência da Casa do Influxo

(Séchel Bet haShefa). É através desse caminho que são retirados os Arcanos com os seus sentidos ocultos que dormitam em sua sombra. Nesse caminho, o buscador é convidado a aproximar-se dos conhecimentos esotéricos, buscando com esses trabalhar sobre si mesmos como um verdadeiro alquimista, transformando o "coração de chumbo" em um "coração de ouro". Conecta a Compreensão (Biná) e a Justiça (Guevurá), ambas no Pilar da Severidade, unindo o ângulo-base negativo do triângulo Superior ao ângulo do triângulo Ético. A letra que representa esse caminho é o Chet, sua cor é amarelo-laranja, e seu Arcano Maior do Tarô, O Carro, o Arcano do repouso.

19º Caminho: o caminho da inteligência do segredo e de todas as atividades espirituais, também chamado de consciência do Mistério de todas as atividades espirituais (Séchel Sod haRuchniot Culam). Sua afluência é oriunda da Benção elevadíssima e da Glória Suprema. Interliga os dois ângulos-base do triângulo Ético: Misericórdia (Chéssed) e Justiça (Guevurá), unindo também os Pilares da Misericórdia e da Severidade. Esse caminho é o principal suporte da individualidade e não é fácil trilhá-lo, pois a prova fundamental desse trajeto é a capacidade de encarar tudo o que ocorreu durante o ciclo completo da jornada evolutiva pessoal, assumindo todas as responsabilidades sem culpar ninguém. É um grande passo para a compreensão de que contribuímos profundamente para o estabelecimento do nosso próprio carma. Esse caminho é representado pela letra Tet, sua cor é o amarelo-dourado, e seu Arcano Maior do Tarô, A Força, o Arcano da virgem.

20º Caminho: o caminho da inteligência da vontade, também chamado de consciência da vontade (Séchel haRatson), consiste na estrutura de tudo o que está formado, e através desse estado de consciência uma pessoa tem a capacidade de conhecer a essência da Sabedoria Primordial. Interliga a Misericórdia (Chéssed) à Beleza (Tiféret), unindo os Pilares da Misericórdia e da Suavidade, assim como o ângulo-base positivo e o raio de união do triângulo Ético. A contemplação contínua da verdadeira imagem é assim o "meio de preparação de todo e qualquer ser criado", pois ela serve de guia no caminho da evolução individual e indica os tipos de veículos ou recursos que devem ser construídos para continuar a segui-lo. A lição desse caminho resume-se no entendimento de que a demanda do Santo Graal não se encerra em Tiféret e nem em Chéssed, mas na Coroa de Kéter. Tanto o destino pessoal quanto a completa evolução só poderão ser atingidos no momento em que todos os elos sejam restabelecidos, e que a verdadeira vontade do espírito se manifeste por toda a Terra. A letra que representa esse caminho é o Yud, sua cor é o verde, e seu Arcano Maior do Tarô, O Eremita, o Arcano da consciência.

21º Caminho: o caminho da inteligência que agrada aos que buscam, também chamado de consciência desejada e procurada (Séchel haChafuts vehaMe-vucash), que recebe o influxo divino para outorgar sua benção a toda a Criação. Interliga a Misericórdia (Chéssed), representando a ligação entre a pura imagem do que a individualidade tem a intenção de realizar, com a Vitória (Nêtsach), a imaginação criativa e as emoções superiores da personalidade. Esse caminho compreende os ideais e aspirações que cativam a imaginação do ser humano. Une também os ângulos-base positivos dos triângulos Ético e Astral. Esse caminho é representado pela letra Kaf, sua cor é o violeta, e seu Arcano Maior do Tarô, A Roda da Fortuna, o Arcano da natureza decaída.

22º Caminho: o caminho da Inteligência fiel, também chamado de consciência fiel, porque através dela, todos os poderes de ordem espirituais são incrementados, de forma que esses possam ficar mais perto de todos os que "moram em sua sombra[23]". Interliga a Justiça (Guevurá) à Beleza (Tiféret), unindo os Pilares

---

23 Fazendo alusão ao Salmo 91:1

da Severidade e da Suavidade, também o ângulo-base negativo com o raio de união do triângulo Ético. Os poderes desse caminho poderão ficar mais nítidos se nos lembrarmos de um símbolo menos conhecido para a letra Lamed: Asa. É com as Asas da Fé que a alma pode cumprir melhor o seu destino e escapar da sombra do carma. A letra que representa esse caminho é o Lamed, sua cor é o verde, e seu Arcano Maior do Tarô, A Justiça, o Arcano do equilíbrio.

23º Caminho: o caminho da inteligência estável ou invariável, também chamado de consciência sustentadora (Séchel Caiám), consistindo no poder sustentador de todas as sefirot. Interliga a Justiça (Guevurá) à Glória ou Esplendor (Hod), ambas no Pilar da Severidade, unindo os dois ângulos-base negativos, um do triângulo Ético e o outro do triângulo Astral. Esse caminho nos traz a consciência da transcendência que todos nós iremos atingir em algum momento de nossas encarnações rumo à Glória Eterna, porém, isso só será possível se as nossas obras forem dignas de um Tzadik, um Justo. Esse caminho é representado pela letra Mem, sua cor é o azul, e seu Arcano Maior do Tarô, O Enforcado, o Arcano da Fé.

24º Caminho: o caminho da inteligência imaginativa, também chamado de consciência que faz aparecer (Séchel Dimioni), tem a função de dar formas a todos os processos imaginativos. Representa a prova no caminho do poder. Corresponde à destruição dos impulsos egoístas com finalidade de uma reconstrução em nível mais elevado de individuação, assim como a morte e o renascimento da personalidade relacionados com a vontade de transformação. Esse caminho se caracteriza pela materialização dos nossos pensamentos, ou seja, uma oportunidade para colocarmos em prática os nossos sonhos de forma a concretizá-los. Interliga a Beleza (Tiféret) com a Vitória (Nêtsach), assim como os Pilares da Suavidade e da Misericórdia, interligando também o raio da união do triângulo Ético ao ângulo-base positivo do triângulo Astral. A letra que representa esse caminho é o Nun, sua cor é o azul esverdeado, e seu Arcano Maior do Tarô, A Morte, o Arcano da vida eterna.

25º Caminho: o caminho da inteligência de tentação, experiência ou provação, também chamado de consciência que testa (Séchel Nissioni), é a tentação original com que Deus coloca à prova todos os seus santos, como fizera com Jó: *"Disse o Senhor a Satanás: Eis que tudo quanto tem está em teu poder; somente contra ele não estendas a mão. E Satanás saiu da presença do Senhor."* Jó 1.12. Esse é um caminho de provas, onde devemos analisar a natureza dos nossos impulsos e desejos a fim de despertarmos a consciência do desapego. Interliga a Beleza (Tiféret) com o Fundamento (Iessód), ambos no Pilar da Suavidade, assim como os dois raios de união, um deles no triângulo Ético e o outro no triângulo Astral. Esse caminho é representado pela letra Samech, sua cor é o azul, e seu Arcano Maior do Tarô, A Temperança, o Arcano da inspiração.

26º Caminho: o caminho da inteligência renovadora, também chamado de consciência renovadora (Séchel Mechudash), o meio através do qual o Criador realiza constantemente todas as coisas que são trazidas à existência em sua criação. Esse caminho nos convida à renovação dos pensamentos, de forma que os processos mentais se transformem de intelecto puro em intuições. Esse caminho é uma operação transformativa da consciência intelectual de Hod para a consciência iluminativa de Tiféret. Interliga a Beleza (Tiféret) com a Glória (Hod), também os Pilares da Suavidade e da Severidade. A letra que representa esse caminho é o Ayin, sua cor é o azul-violeta, e seu Arcano Maior do Tarô, O Diabo, o Arcano da contrainspiração.

27º Caminho: o caminho da inteligência que agita, ou estimulante, também chamado de consciência palpável (Séchel Murgash), a consciência de todas as coisas criadas em toda a esfera superior, incluindo todas as suas sensações. Esse caminho consiste no principal suporte da personalidade, o primeiro véu ou obstáculo do caminho ascendente, interligando a Glória (Hod) à Vitória (Nêtsach), ligando o centro de poder criador de Nêtsach ao centro do pensamento concreto de Hod. Conecta os Pilares da Misericórdia e da Severidade. Esse caminho nos traz a reflexão sobre qual ou quais áreas de nossa vida encontram-se paradas, precisando ser agitada para retomar o ritmo de progresso, lembrando que somos água na maior parte de nossa constituição e, se a água permanece parada por muito tempo, podem acontecer três coisas: apodrecimento, evaporação e infiltração. A letra correspondente a esse caminho é o Pei, sua cor é o vermelho, e seu Arcano Maior do Tarô, A Torre, o Arcano da construção.

28º Caminho: o caminho da inteligência natural ou ativa, também chamado de consciência natural (Séchel Mutba), através da qual a natureza de todas as coisas existentes sob o sol foram completadas. É o caminho de grandes forças e poderes, porque, através dele, as forças puras da imaginação criadora são vertidas para o nível subconsciente. Esse caminho também corresponde ao canal de inspiração artística e de todo trabalho que envolve criatividade. O percurso desse caminho vai desde a polaridade sexual, do contato com os reinos não humanos, até a formação de um canal interior na consciência para a representação dos aspectos mais elevados da alma. Interliga a Vitória (Nêtsach) ao Fundamento (Iessód), conectando também os Pilares da Misericórdia e da Suavidade. A letra que representa esse caminho é o Tsade, sua cor é o violeta, e seu Arcano Maior do Tarô, A Estrela, o Arcano do crescimento.

29º Caminho: o caminho da Inteligência corporal, também chamado de consciência física (Séchel Mugsham), porque descreve o crescimento de tudo que chega à materialidade sob o sistema de todas as esferas. Esse caminho está ligado ao corpo físico com todo o seu complexo sistema orgânico vital, o qual o espírito utiliza para se manifestar sobre a Terra. Também está associado aos instintos fundamentais, em particular à sexualidade e à reprodução. Nesse caminho somos convidados a prestar mais atenção em nosso corpo, através da faculdade do sentir, da sinestesia, observando onde situam-se nossas dores e incômodos e assim detectar as possíveis causas. Interliga a Vitória (Nêtsach) ao Reino (Malchut), assim como os Pilares da Misericórdia e da Suavidade, unindo o triângulo-base positivo do triângulo Astral ao Reino (Malchut). Esse caminho é representado pela letra Kuf, sua cor é o rosa-avermelhado, e seu Arcano Maior do Tarô, A Lua, o Arcano da inteligência.

30º Caminho: o caminho da inteligência coletiva, também chamado de consciência geral (Séchel Kelali), pelo qual os astrólogos deduzem suas regras a respeito das estrelas e constelações, formulando a teoria que constitui a lógica cósmica do zodíaco. Consiste em um caminho de esclarecimento, que liga a visão do mecanismo do universo (Iessód), à visão da Glória ou Esplendor (Hod), essa é a sefira do mensageiro divino, do arquétipo mítico de Hermes ou Mercúrio, o Senhor dos Livros, e também do Arcanjo Miguel, que tem a missão de banir as forças malignas. Esse caminho nos convida a estudar mais, dedicar-nos à prática da leitura e assim atingir um grau maior de esclarecimento. Interliga a Glória (Hod) ao Fundamento (Iessód), unindo os Pilares da Severidade e da Suavidade, ligando também o ângulo-base negativo ao raio de união do triângulo Astral. A letra correspondente desse caminho é Resh, sua cor é o laranja, e seu Arcano Maior do Tarô, O Sol, o Arcano da intuição.

31º Caminho: o caminho da inteligência perpétua, também chamado de consciência contínua (Séchel Temidi), reguladora dos movimentos solares e lunares de acordo com as leis da natureza, cada qual em sua órbita apropriada. Este caminho comunica a direção ou a revelação de fatores mentais que, elevados a um nível contínuo e crescente, estabelecerão a grande diferença entre o homem e os demais seres da natureza. Através desse caminho podemos fazer uma avaliação do passado de forma a repararmos os nossos temperamentos no tempo presente. Interliga a Glória (Hod) ao Reino (Malchut), unindo os Pilares da Severidade e da Suavidade, assim como o ângulo-base negativo do triângulo Astral ao Reino (Malchut). A letra que representa esse caminho é Shin, sua cor é o vermelho, e seu Arcano Maior do Tarô, O Julgamento, o Arcano da ressurreição.

32º Caminho: o caminho da inteligência auxiliar ou adjuvante, também chamado de consciência adorada (Séchel Neevad), dirigindo todas as operações dos sete planetas e das suas divisões, destruindo aqueles que se envolvam na adoração desses. Esse caminho representa as primeiras fases da devoção mística, o caminho que conduz aos planos inferiores e à memória inconsciente. Suas lições mais relevantes são, no sentido ascendente, a existência da lei de causalidade num plano mais elevado que o do mundo físico e, no sentido descendente, a aceitação da limitação do espírito em um corpo mais denso. Esse caminho interliga o Fundamento (Iessód), o véu etérico, ao Reino (Malchut), o mundo físico, ambos no Pilar da Suavidade. Nesse caminho somos convidados a partir da introversão da consciência sensorial para a consciência das profundezas do mundo interior, do Ser. A letra correspondente a esse caminho é Tav, sua cor é o azul-violeta, e seu Arcano Maior do Tarô, O Mundo, o Arcano da alegria.

O Tzimtzum e a origem dos quatro mundos

"A todos os que são chamados pelo meu nome, e os que, para a minha glória (Atsilút), criei (Briá), e que formei (Ietsirá) e fiz (Assiá)." Isaías 43.7

Antes de adentrarmos o tema dos quatro mundos, é importante compreender como se desenrola o processo cabalístico para a origem da vida e de todo o universo, tanto no plano físico quanto no plano espiritual.

Os cabalistas chamam esse processo de Tzimtzum, que significa "contração" ou "constrição", e que consiste na ideia de que Deus teria contraído toda a sua potência a ponto de abrir espaço dentro de si mesmo, favorecendo a criação de toda a existência. Na visão científica moderna, esse conceito é chamado de Big Bang, onde o universo encontrava-se primordialmente contido em um ponto chamado singularidade, ou um átomo extremamente denso energeticamente. Esse conceito também pode ser encontrado na tradição milenar dos Vedas, chamado de Noite e Dia de Brahma, e na tradição gnóstica sob o nome de Pleroma, que hoje é reconhecido pela ciência através da teoria do Universo Inflacionário.

Foi através do Rav Isaac Luria, por intermédio dos estudos desse conceito no Livro Sêfer Ietsirá, que esse princípio ganhou notoriedade dentro da doutrina da Cabala de forma sistemática e acessível a grande maioria das pessoas, sendo chamado esse processo de o grande drama cósmico.

Segundo a Cabala, o objetivo do Tzimtzum consiste na permissão da existência, independentemente do mundo finito (tempo x espaço) em relação à realidade infinita (plano divino). Dessa forma, a Existência Negativa (Deus), a partir do Big Bang, torna-se Existência Positiva (realidade), estabelecendo assim um "corpo" dentro de um processo contínuo e cíclico. É a ação de Deus com o propósito de criar um espaço conceitual a partir de uma realidade que já existe (mundo), mas ainda não se manifestou de forma concreta; é o nada absoluto (ayin) que contém o tudo, mas ainda não se expôs em sua forma Positiva, conforme comenta o historiador judeu David Biale sobre a posição do estudioso cabalista Gershom Scholem (1897–1987) um dos precursores da Escola de Frankfurt: *"Deus é concebido como [aquele que é], absolutamente vivo e cuja vida oculta é considerada como um movimento do Sem Fim para fora de si mesmo e para dentro de si mesmo."*[24]

A partir do Tzimtzum, o universo se manifesta segundo a Cabala através de quatro mundos, não no sentido literal, mas como esferas metafísicas distintas, possuindo diferentes atributos e qualidades construtivas, podendo ser considerados como diferentes estágios da evolução cósmica, em que cada um deles sustenta o subsequente. O desdobramento desses quatro mundos é progressivo, indo do sutil ao grosseiro, mais material e imperfeito que o anterior, em uma escala decrescente.

MUNDO	SIGNIFICADO	SEFIROT	ELEMENTO
Atsilút	Emanação	Kéter, Chochmá e Biná	Fogo
Briá	Criação	Chéssed, Guevurá e Tiféret	Ar
Ietsirá	Formação	Nêtsach, Hod e Iessód	Água
Assiá	Ação	Malchut	Terra

---

24 A *Cabala e Contra História*, op. cit., p. 66. Ed. Perspectiva.

ATSILÚT – O Mundo da Emanação

Chamado de Plano Divino ou Plano da Luz Onipresente do Ente Supremo, cujo poder é imutável e fonte de vida ilimitada. Nesse ponto, a Criação ainda está intimamente ligada à Luz Infinita (Ain Sof). Corresponde ao elemento Fogo, à letra Yud do Tetragrama Sagrado, e é constituído pelas sefirot Kéter (Coroa), Chochmá (Sabedoria) e Biná (Compreensão). É o ponto de partida de todas as emanações para os processos seguintes de criação, formação e materialização. Esse plano é associado na Torá ao primeiro dia da Criação, quando Deus faz o Céu e a Terra, separando a luz das trevas[25], correspondendo na Física Moderna às primeiras frações de tempo após o Big Bang.

Como não temos acesso à frequência de Atsilút, o que a Cabala nos recomenda a fazer em relação a esse plano é praticar a oração de gratidão, pois é dela que são emanados todos os eflúvios geradores da vida.

BRIÁ – O Mundo da Criação

Chamado de o Plano das Forças Arquetípicas Despertas, é o véu que separa o Mundo da Criação do terceiro mundo, da formação. Corresponde ao elemento Ar, a primeira letra Hei do Tetragrama Sagrado, e é constituído pelas sefirot Chéssed (Misericórdia), Guevurá (Justiça) e Tiféret (Beleza). Nesse plano, tudo aquilo que foi emanado de Atsilút, começa a ser criado, as leis imutáveis já estão em plena atividade, proporcionando a origem das primeiras partículas subatômicas e formas geométricas. Nessa etapa da constituição, o universo, que antes era vazio (tohu) e sem forma (bohu), começa a tomar forma e preenchimento. Nes-

---

25 Gênesis 1.1,2

sa fase, Deus já não precisa atuar diretamente, pois sua Vontade já está sendo estabelecida. Esse plano está relacionado com o segundo dia da Criação, quando Deus diz: "Haja um firmamento no meio das águas e haja separação entre as águas de cima e as águas de baixo."[26]

A meditação, nesse segundo plano de Briá, é em relação aos nossos sonhos e metas. A fase criativa de elaborarmos as estratégias a serem postas em prática. A palavra chave é Planejamento, pois sem um planejamento sólido e cauteloso nossos projetos podem ser frustrados. Nessa etapa, estar aberto às intuições e *insights* é extremamente recomendado, pois essas procedem diretamente de Atsilút. Procure praticar a contemplação da natureza, buscando eliminar qualquer tipo de juízo e interferência lógica racional.

IETSIRÁ – O Mundo da Formação

Também chamado de Plano Astral ou Emocional. Corresponde ao elemento Água, a letra Vav do Tetragrama Sagrado, e é constituído pelas sefirot Hod (Glória), Nêtsach (Vitória) e Iessód (Fundamento). Nesse plano, a Luz Infinita, ainda mais distante do Criador, assume a forma das emoções, onde as ideias viram imagens e, com isso, multiplicam-se as interpretações. Mente e coração são ajustados e equilibrados pela Espiritualidade. É nesse plano que surgem os quatro elementos formadores do mundo material, Terra, Fogo, Água e Ar. Biblicamente esse plano está associado ao terceiro e quarto dias da Criação, quando surgem os continentes e os mares, e os luzeiros determinando dia e noite.[27]

---

26   Gênesis, 1.6.
27   Gênesis, 1.9-19.

Nessa dimensão de Ietsirá, somos convidados a começar a dar forma às nossas criações, colocando em prática as etapas iniciais de nossos projetos, sempre observando os nossos sentimentos e detectando qual ou quais as crenças limitantes trazemos conosco que nos impedem de avançar rumo ao êxito. É uma excelente oportunidade para trabalharmos o nosso autoconhecimento, pois é a partir do próximo ponto que finalmente iremos realizar nossos projetos. Palavra chave aqui é Determinação.

ASSIÁ – O Mundo da Manifestação

Também chamado de Mundo da Ação Fenomenal da Matéria ou simplesmente Plano Físico. Corresponde ao elemento Terra, a segunda letra Hei do Tetragrama Sagrado, e é constituído apenas pela sefira Malchut (O Reino). É o reino da matéria solidificada, o estágio mais denso da criação, tão afastado da Luz Infinita que nele reinam as dualidades e divisões. Por outro lado, Assiá é a coroa da Criação, onde todo o plano divino se torna concreto. Muitas vezes chamado de "fruto da Árvore da Vida", que se encontra em constante evolução na qual a supremacia humana abarca toda a natureza em todos os seus níveis vibratórios, mineral, vegetal e animal, embora esses, enquanto estruturas sólidas, possam não evidenciar um movimento independente e visível, encontram-se em estado de contínuo movimento interior, não sendo de forma alguma inanimados como diz o Místico e Músico Sufi Hazrat Inayat Khan: *"Deus dormia no reino mineral, sonhava no mundo vegetal e acordava no reino animal, para que pudesse ser bastante ativo na espécie humana."*

Nesse plano, a Cabala nos aponta a possibilidade do retorno ao "Paraíso Perdido", a nossa condição primordial na Luz Infinita. Em todo ser humano, independente de sua formação, classe social e níveis psicológicos, se manifesta o que Mircea

Eliade[28] chamou de Mito do Eterno Retorno[29], ou seja, uma sensação de que sempre está faltando alguma coisa em nossa vida, mas não sabemos ao certo dizer o que é. Porém, existe uma esperança: ao se dedicar a materialidade ao retorno à Luz Infinita, pode-se "subir" a Árvore da Vida e através de cada caminho ir recuperando o tão desejado equilíbrio. Aqui temos a lição mais árdua e sublime da Cabala: vivenciar esse mundo não procurando fugir dele, e agindo sempre de forma proativa e altruísta, como disse Jesus: *"Eu disse essas coisas para que em mim vocês tenham paz. Neste mundo vocês terão aflições; contudo, tenham ânimo! Eu venci o mundo."* João 16.33. Vencer o mundo significa superar nossa condição reativa, nossos impulsos egoístas.

---

28 Mircea Eliade foi professor, cientista das religiões, mitólogo, filósofo e romancista romeno. Considerado um dos fundadores do moderno estudo da história das religiões e grande estudioso dos mitos, elaborou uma visão comparada das religiões, encontrando relações de proximidade entre diferentess culturas e momentos históricos. No centro da experiência religiosa do homem, Eliade situa a noção do sagrado. Sua formação de historiador e filósofo levou-o aos estudos dos mitos, dos sonhos, das visões, do misticismo e do êxtase.

29 O eterno retorno é um conceito filosófico do tempo postulado, em primeira vez no ocidente, pelo estoicismo e que propunha uma repetição do mundo no qual se extinguia para voltar a criar-se. Sob esta concepção, o mundo era retornado a sua origem através da conflagração, onde tudo ardia em fogo. Uma vez queimado, ele se reconstruiria para que os mesmos atos ocorressem novamente.

O Tzimtzum e a origem dos quatro mundos | 165

Árvore da Vida (Sefirot):
- 1 Kéter — Coroa — כתר
- 2 Chochmá — Sabedoria — חכמה
- 3 Biná — Compreensão — בינה
- Da'at
- 4 Chéssed — Misericórdia — חסד
- 5 Guevurá — Justiça — גבורה
- 6 Tiféret — Beleza — תפארת
- 7 Nêtsach — Vitória — נצח
- 8 Hod — Glória — הוד
- 9 Iessód — Fundamento — יסוד
- 10 Malchut — Reino — מלכות

ATSILÚT — Mundo das Emanações — Fogo
Kéter
Chochmá
Biná

BRIÁ — Mundo das Criações — Ar
Chéssed
Guevurá
Tiféret

IETSIRÁ — Mundo das Formações — Água
Nêtsach
Hod
Iessód

ASSIÁ — Mundo das Ações — Terra
Malchut

As relações dos quatro mundos com o Tetragrama Sagrado e os níveis frequenciais do cérebro humano			
Assiá	Ietsirá	Briá	Atsilút
ה	ו	ה	י
Beta	Alfa	Teta	Delta
β	α	θ	δ
Sentidos físicos tato, paladar, olfato, visão e audição	Visão na quarta dimensão Aprendizado acelerado	Manifestação dos fenômenos paranormais e psíquicos	Sono profundo Nível do inconsciente
Consciência	Pré-consciência	Semi-consciente	Inconsciente
Plano físico presença do tempo e espaço	Plano espiritual fora do tempo e espaço	Plano espiritual fora do tempo e espaço	Plano eterno ?

Os cinco níveis da alma

"*A todos os que são chamados pelo meu nome, e os que criei para minha glória, que formei, e fiz.*" Isaías 43.7

Segundo o Zohar, o homem é um ser complexo, e sua alma é composta por cinco níveis distintos: Néfesh, Rúach e Neshamá no plano pessoal, e Chaiá e Iechidá nos planos transpessoais, como veremos mais à frente.

"*A alma do homem possui três nomes: Néfesh, Rúach, Neshamá. Elas estão todas encerradas uma dentro da outra, apesar de terem propósitos diferentes. Néfesh permanece na sepultura até que o corpo se decomponha e volte ao pó, e durante esse tempo esvoaça ao redor deste mundo (...) Rúach entra no Jardim terreno (do Éden) e lá assume uma semelhança com o corpo que ocupava neste mundo (...) Neshamá ascende imediatamente ao seu lugar, à região de onde emanou, e por sua causa a luz é acesa para brilhar acima. Ela nunca mais desce à Terra. Nela está consumado o UM que combina todos os lados, o superior e o inferior. E, caso ela não tenha se elevado para se unir com o trono, o Rúach não pode coroar a si mesmo no Jardim inferior, nem pode Néfesh ficar em paz em seu lugar (...) Entretanto, uma vez isso conseguido, cada uma das outras é unida à sua esfera, pois todas as três são uma, formando um todo, unidas em uma ligação mística, de acordo com o protótipo acima, no qual Néfesh, Rúach e Neshamá constituem, juntas, uma totalidade.*"[30]

Para compreendermos esses três primeiros níveis da alma, é preciso recorrer à Torá no Livro de Gênesis:

---

30 *The Zohar*, trad. Harry Sperling, Maurice Simon e Paul Levertoff, 5 vols. (London: Soncino Press, 1978), vol. 3, pp. 409-11 (Mantua: 2, 141b – 142a).

"Também disse Deus: Façamos o homem à nossa imagem, conforme a nossa semelhança; tenha ele domínio sobre os peixes do mar, sobre as aves dos céus, sobre os animais domésticos, sobre toda a terra e sobre todos os répteis que rastejam pela terra." Gênesis 1.26

Façamos, do verbo fazer, refere-se ao Mundo da Ação (Olam Ha Assiá) e ao nível da alma que se chama Néfesh, que se encontra relacionado aos instintos básicos.

VERBO	MUNDO	ASPECTO DA ALMA	CENTROS
Criar	Criação	Neshamá	Pensamento
Formar	Formação	Rúach	Sentimento
Fazer	Ação	Néfesh	Instinto

NÉFESH – Corpo com o princípio vital

A parte inferior ou animal da alma. Está associada aos instintos e desejos corporais.

Néfesh representa a vitalidade do corpo animado, o sopro de vida *(...e lhe soprou nas narinas o fôlego de vida)*, o nível da alma comum a todos os seres viventes, permitindo a atividade simultânea e coordenada do corpo físico, intimamente ligado a ele; abandoná-lo significa a morte orgânica. Esse nível circula apenas no plano físico, junto ao corpo. Representa a parte inferior ou animal da alma, está associada aos instintos e desejos corporais.

Néfesh também pode ser associado ao centro instintivo ou motor no ser humano. As pessoas em que esse centro predomina são aquelas voltadas a atividades que envolvem habilidades físicas e motoras constantes, como, por exemplo, atletas, dentistas, mecânicos, técnicos nas mais variadas áreas, entre outros que se utilizam da destreza física na maior parte do tempo.

Néfesh também pode ser chamado de o Caminho do Faquir ou da habilidade.

"Então, formou o Senhor Deus ao homem do pó da terra e lhe soprou nas narinas o fôlego de vida, e o homem passou a ser alma vivente." Gênesis 2.7

O verbo formar está relacionado com o Mundo da Formação (Olam Ha Ietsirá), e refere-se ao nível da alma que é designado pela palavra hebraica Rúach, que abrange o centro emocional no ser humano.

RÚACH – A alma, sede da vontade, que constitui propriamente a personalidade humana

A alma mediana, o espírito. Ela contém as virtudes morais e a habilidade de distinguir o bem e o mal.

Esse nível abrange todas as manifestações emocionais no ser humano. Não se encontra diretamente relacionado ao corpo físico em si, mas ao nível de Néfesh, proporcionando certa independência, de forma que Rúach pode abandonar o corpo físico nos estados oníricos ou contemplativos através da prática da meditação, trazendo impressões do Mundo da Formação, pois Rúach corresponde ao plano da formação ou astral e nele circula, mesmo que a grande maioria não tenha consciência disso.

Os indivíduos que são harmonizados com esse nível de Rúach são artistas, poetas, escritores, dançarinos, músicos, dramaturgos, religiosos, entre outros, ou seja, aqueles que vivem mais da inspiração, no plano das emoções, do que das faculdades racionais e intelectuais puramente ditas.

Rúach também pode ser chamado de o Caminho do Monge ou dos sentimentos.

"Criou Deus, pois, o homem à sua imagem, à imagem de Deus o criou; homem e mulher os criou." Gênesis 1.27

O verbo criar está associado ao Mundo da Criação (Olam Ha Briá), com o nível da alma denominado Neshamá, o pensamento.

NESHAMÁ – O Espírito, Centelha Divina

A alma superior, ou superalma. Essa separa o homem de todas as outras formas de vida. Está relacionada ao intelecto e permite ao homem aproveitar e se beneficiar da pós-vida.

É o nível do espírito, o mais sutil da alma humana no nível pessoal, a verdadeira essência do homem. É independente do corpo e apoia-se em Rúach, ativando-a. Neshamá é responsável pelo mais alto grau de discernimento no ser humano, tanto intelectual quanto espiritual, corresponde ao despertar da consciência, o salto quântico para os dois últimos níveis transpessoais, Chaiá e Iechidá. As principais reflexões em Neshamá é o conceito de criação contínua e a manifestação da vida e de toda a forma de existência.

Aqueles que se enquadram nesse nível, são compostos por profissionais intelectuais das áreas de humanas, professores, cientistas, filósofos, teólogos, antropólogos, sociólogos entre outros.

Neshamá também pode ser chamado de o Caminho do Iogue ou das reflexões.

Os níveis de Chaiá e Iechidá, circulam os planos espirituais e encerram a essência da individualidade do ser humano, aquela que se preserva e se acumula através das várias encarnações, desprezando as características temporárias da personalidade.

MUNDOS	NÍVEIS DA ALMA
Adám Kadmón	Iechidá
Atsilút	Chaiá
Briá	Neshamá
Ietsirá	Rúach
Assiá	Néfesh

CHAIÁ – O vivente

A parte da alma que permite ao homem a percepção da divina força.

Esse nível se relaciona com uma consciência suprema, que pouquíssimos seres humanos alcançam. Um nível de iluminação, também descrito em outros caminhos espirituais (Cristo, Buda, Bodhisattva, Tzadik, etc.), onde a alma mergulha em um estado de completa dissolução do ego. Esse nível da alma está relacionado com o Mundo da Emanação (Olam Ha Atsiluth), de onde provém a verdade absoluta e imutável das coisas. Quando atingido esse nível, não há mais comparações, apenas o Ser Superior.

Personagens célebres que atingiram esse nível: Abraão, Moisés, Cristo, Buda, Hermes Trismegisto, Krishna, Maomé, Zoroastro, entre outros.

IECHIDÁ – A Grande Unificação

O mais alto nível da alma, pelo qual o homem pode atingir a união máxima com Deus.

Esse nível consiste no "retorno ao paraíso", a condição de Adam Kadmon, o homem primordial, a grande unificação com o Criador. Não temos acesso a esse nível de forma que possamos concebê-lo, pois nele não existe qualquer fragmentação; um nível de unidade total, representa o local de onde viemos e para onde iremos retornar, conforme descrito no Zohar a respeito do Big Bang, quando fala do receptor querendo também compartilhar, e se contrai até explodir, pois antes dessa explosão, éramos todos uma única realidade.

ARQUÉTIPO HUMANO	NÍVEL DA ALMA	CARACTERÍSTICA HUMANA
Moisés	Neshamá	Pensamento, Compreensão superior
Aarão – Miriam	Rúach	Emoção
Faraó	Néfesh	Instintos, Desejo de receber, egoísmo
Povo	Identificação	Consciência e desejo
Egito	Escravidão	Limitação das qualidades superiores, como a generosidade

A meta final da alma humana

"Examine-se, pois, o homem a si mesmo..." I Coríntios 11.28

Sem dúvida alguma, o objetivo máximo do ser humano é superar-se a si mesmo, e assim, através de encarnações sucessivas, tornar-se um com o Criador. O primeiro passo é o despertar da consciência, reconhecendo a sua condição de ignorante em relação a si mesmo. Em segundo lugar, tornar-se consciente de que somos constituídos de forma tríplice, possuindo três centros distintos e complementares: instintivo, emocional e intelectual. Em terceiro lugar, começar o trabalho sobre si mesmo, buscando estabelecer a harmonia entre os instintos, as emoções e os pensamentos, através da mais poderosa ferramenta que temos a nossa disposição, o autoconhecimento.

Para ilustrar a síntese desse estudo sobre os níveis da alma e os centros formativos do ser humano, apresento aqui a Parábola da Carruagem, descrita pelo místico e filósofo armênio, George Ivanovich Gurdjieff, que descreveu as dimensões que somos de forma muito clara.

Os principais personagens para que uma carroça funcione plenamente são: a carroça, os cavalos, o cocheiro e o passageiro. A carroça representa o nosso corpo físico, que sozinho não pode realizar nada. Os cavalos que puxam a carroça correspondem aos nossos impulsos instintivos, nível de Néfesh, capaz de movimentar a carroça em diferentes direções. O cocheiro simboliza as nossas emoções, nível de Rúach, que direciona os cavalos: para direita, esquerda, parar, ir mais rápido, etc.

RÚACH
Sentimentos
(Cocheiro)

NÉFESH
Instintos
(Cavalos)

CARRUAGEM
(Corpo vital)

NESHAMÁ
Pensamentos
(Passageiro)

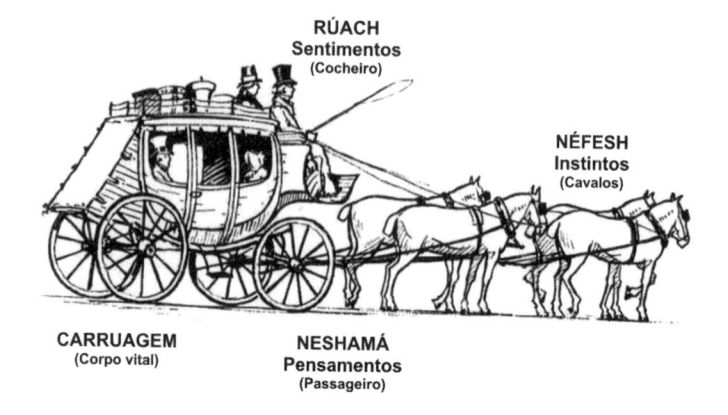

Porém, quando a carroça se encontra diante de várias direções a seguir, quem é que toma as decisões?

A carroça não tem autonomia para se movimentar sozinha, os cavalos dependem das ordens do cocheiro. E o cocheiro, obedece a quem?

Aí entra em cena o passageiro, aquele que nós não percebemos, mas é quem faz com que tudo se movimente e gire em torno de sua vontade, já que ele planejou a viagem contratando a carroça, os cavalos e o cocheiro para conduzi-lo ao seu destino. Logo, o passageiro representa o terceiro nível, Neshamá, a essência interior da alma, revelando-se simultaneamente no corpo através dos instintos, emoções e pensamentos, para a realização de seu objetivo maior: a conscientização de sua natureza e de sua função no mundo, para logo unir-se definitivamente ao Criador.

Pode-se alcançar esse objetivo supremo através de dois caminhos:

1. Através da consciência, a partir do momento em que os três níveis da alma, Néfesh, Rúach e Neshamá (Instinto, Emoção e Pensamento) encontram-se em equilíbrio e harmonia com as leis que regem a Criação, ou

2. através do sofrimento, pela dor, quando os cavalos (Instintos), o cocheiro (Emoções) e o passageiro (Neshamá) não entram em acordo, produzindo total desequilíbrio, deduzindo que, se o homem pensa de uma maneira e sente de outra, logo seus atos o conduzirão, indiscutivelmente ao sofrimento.

As 50 portas da inteligência

De Chochmá são emanados os trinta e dois Caminhos da Sabedoria, que são formados pelas dez sefirot da Árvore da Vida e as vinte e duas interligações entre elas, equivalentes às vinte e duas letras do alfabeto hebraico.

Assim também acontece com Biná, a terceira sefira da Árvore da Vida. Dela são emanados os cinquenta Portões da Inteligência, também chamado de cinquenta portais de Biná.

Segundo a tradição da Cabala, essas emanações são chamadas de portais, porque ninguém pode chegar a uma perfeita compreensão dos caminhos da Árvore da Vida, sem ter percorrido essas estradas que conduzem à prática dos Caminhos da Sabedoria.

Conforme a visão mística, as 50 Portas da Inteligência nos revelam a distribuição das dez sefirot em sete palácios, sendo uma representação do exato momento de abertura do quinquagésimo portão, a partir da travessia do Abismo (Da'at). No momento em que Malchut (Reino) e Iessód (Fundamento) emergem e as três sefirot superiores (Kéter, Chochmá e Biná) aparecem apenas como uma, Biná.

Essa abordagem sobre as 50 Portas da Inteligência emanados da terceira sefira da Árvore da Vida, Biná, pode ser encontrada no livro *Sêfer Ietsirá* de William Wynn Westcott ou em outras edições do *Sêfer Ietsirá*, descrevendo o entendimento desse caminho, descendo por estágios através dos reinos dos anjos, dos céus, passando pela humanidade, pelos reinos animal, vegetal e mineral, chegando até o caos.

Para os cabalistas, Moisés foi quem mais se aproximara desse conhecimento, chegando até o quadragésimo nono portal, mas nunca entrou no quinquagésimo. A entrada nesse último portal significa redenção absoluta, ou seja, depois que todos despertarem o messias individual dentro de cada um, será desperto o messias coletivo, promovendo a elevação da massa crítica planetária e consequentemente o grande salto quântico da humanidade.

A estrutura das 50 Portas da Inteligência em nível antropológico consciencial se configura nessa ordem:

1. Malchut em Malchut: Matéria inanimada.
2. Iessód em Malchut: Matéria diferenciada em substâncias e elementos
3. Hod em Malchut: A formação das moléculas.
4. Nêtsach em Malchut: Aparecimento das substâncias orgânicas.
5. Tiféret em Malchut: Surgimento das formas primitivas de vida.
6. Guevurá em Malchut: A reprodução da vida primitiva em espécies.
7. Chéssed em Malchut: O começo da evolução das espécies.
8. Malchut em Iessód: As criaturas interagindo.
9. Iessód em Iessód: Criaturas conscientes da vida animada e da vida inanimada.
10. Hod em Iessód: Criaturas desenvolvem mecanismos de defesas.
11. Nêtsach em Iessód: As criaturas se socializam.
12. Tiféret em Iessód: As criaturas tomam prazer inócuo umas com as outras.
13. Guevurá em Iessód: As criaturas começam a cuidar umas das outras.
14. Chéssed em Iessód: A partilha da comida e de outras necessidades.
15. Malchut em Hod: A utilização de objetos como ferramentas.

16. Iessód em Hod: Objetos são honrados com os devidos valores.
17. Hod em Hod: Confecção de ferramentas.
18. Nêtsach em Hod: Os abrigos e ferramentas são aprimorados.
19. Tiféret em Hod: O feitio de ferramentas é ensinado.
20. Guevurá em Hod: Começam as relações de trocas.
21. Chéssed em Hod: As coisas das quais não se tem necessidade são preservadas para o futuro.
22. Malchut em Nêtsach: Objetos são admirados.
23. Iessód em Nêtsach: Objetos são decorados.
24. Hod em Nêtsach: Decoração representa a natureza.
25. Nêtsach em Nêtsach: A natureza é influenciada pela decoração.
26. Tiféret em Nêtsach: Os artistas são reverenciados.
27. Guevurá em Nêtsach: Os desenhos partem da natureza.
28. Chéssed em Nêtsach: Aparecem as coletâneas de símbolos.
29. Malchut em Tiféret: Surgem as nações.
30. Iessód em Tiféret: As nações interagem.
31. Hod em Tiféret: Iniciam-se as trocas entre nações.
32. Nêtsach em Tiféret: As nações compartilham conhecimentos.
33. Tiféret em Tiféret: As nações honram-se mutuamente.
34. Guevurá em Tiféret: O ritual internacional é formalizado pela prática.
35. Chéssed em Tiféret: A comunidade humana é reconhecida.
36. Malchut em Guevurá: A história começa a ser inventada.
37. Iessód em Guevurá: Surge o mito da moralidade.
38. Hod em Gevurá: O conceito de progresso é inventado.
39. Nêtsach em Guevurá: A evolução é honrada.
40. Tiféret em Guevurá: A comunidade dos seres é reconhecida.

41. Guevurá em Guevurá: As obrigações para com a natureza não humana são reconhecidas.
42. Chéssed em Guevurá: A abstração é tida como superior ao material.
43. Malchut em Chéssed: Inicia-se a separação entre religião e estado.
44. Iessód em Chéssed: Surgimento do pensamento utópico.
45. Hod em Chéssed: A religião torna-se filosofia.
46. Nêtsach em Chéssed: Tolerância entre as diferentes filosofias.
47. Tiféret em Chéssed: Existencialismo, Positivismo e Teleologia se fundem.
48. Guevurá em Chéssed: A identidade pessoal com abstração é a meta.
49. Chéssed em Chéssed: A meta pessoal passa a ser a iluminação.
50. Biná: A iluminação é alcançada.

No modelo tradicional da Cabala, as 50 Portas da Inteligência dividem-se em seis classes, pois correspondem ao número dos dias da Criação: as quatro primeiras são compostas de 10 portas, a quinta classe possui nove portas e a sexta e última classe apenas uma, conforme a sequência abaixo:

1ª Classe – Princípios dos Elementos:
1. Matéria-prima, caos.
2. Vazio e inanimado: o que é sem forma.
3. Atração natural, o abismo.
4. Separação e rudimentos dos elementos.
5. Elemento terra não contendo ainda semente nenhuma.
6. Elemento água agindo sobre a terra.
7. Elemento ar exalando do abismo das águas.
8. Elemento fogo secando e vivificando.

9. Figuração das qualidades.
10. Sua atração para a mescla.

2ª Classe – Década dos Mistos:
11. Aparição dos minerais pela disjunção da terra.
12. Flores e sulcos estabelecidos pela geração dos minerais.
13. Mares, lagos, flores segregadas entre os alvéolos (da terra).
14. Produção das ervas e árvores: a natureza vegetante.
15. Forças e sementes dadas a cada espécie.
16. Produção da natureza sensível. Isto é:
17. Insetos e répteis (com suas propriedades específicas).
18. Peixes (com suas propriedades específicas).
19. Aves (com suas propriedades específicas).
20. Quadrúpedes (com suas propriedades específicas).

3ª Classe – Década da Natureza Humana:
21. Produção do homem.
22. Limo da terra de Adamah, matéria.
23. Sopro de vida, alma.
24. Mistério de Adão e Eva.
25. Homem-Todo, microcosmo.
26. Cinco faculdades externas.
27. Cinco faculdades internas.
28. Homem-Céu.
29. Homem-Anjo.
30. Homem-Imagem e Semelhança de Deus.

4ª Classe – Ordem dos Céus, Mundo das Esferas:
31. Céu da Lua.
32. Céu de Mercúrio.
33. Céu de Vênus.
34. Céu do Sol.
35. Céu de Marte.

36. Céu de Júpiter.
37. Céu de Saturno.
38. Céu do Firmamento.
39. Céu do Primeiro Móvel.
40. Céu do Empíreo.

5ª Classe – As Nove Ordens dos Anjos, o Mundo Angélico:
41. Kherubim (anjos).
42. Benei Eloim (Arcanjos).
43. Eloim (Principalidades).
44. Malakhim (Potências).
45. Seraphim (Virtudes).
46. Hashemalim (Dominações).
47. Aralim (Tronos).
48. Ophanim (Querubins).
49. Haioth ha kadosh (Serafins).

6ª Classe – AIN SOF, o Infinito, Arquétipo:
50. Deus, o Bem Supremo, Aquele que o homem mortal nunca viu. É a quinquagésima Porta, à qual Moisés não chegou.

Colhendo os frutos da Árvore da Vida

"No meio da sua praça, de uma e outra margem do rio, está a Árvore da Vida, que produz doze frutos, dando o seu fruto de mês em mês, e as folhas da árvore são para a cura dos povos."
Apocalipse 22.2

Depois dessa jornada de autoconhecimento através dos ensinamentos da Cabala – e é claro, que é muito difícil compreender toda a riqueza e profundidade dessa tradição em apenas um livro ou em um curso –, fica a lição de que aquilo que você não usa se perde. Espero que todos que desejam verdadeiramente continuar os estudos, utilizando a sabedoria da Cabala como ferramenta específica para o autodesenvolvimento e crescimento espiritual, continuem perseverando, lembrando que, quanto mais se podam os ramos da árvore, tanto mais frutos bons ela produzirá. Assim acontece com a Árvore da Vida: quanto mais você se familiariza com ela, mas ela irá revelar seus segredos acerca do universo em que vivemos.

Eis que antes das emanações serem emanadas e das criaturas serem criadas, a simples luz superior preenchia toda a existência.
E não havia lacuna, como uma atmosfera vazia, um vácuo, ou um buraco, mas tudo era preenchido com simples e ilimitada luz.
E não havia tal parte como cabeça ou cauda, mas tudo era luz simples e suave, equilibrada igual e uniformemente, e foi chamada Luz Infinita.
E quando por Sua simples vontade, surgiu o desejo de criar o mundo e emanar as emanações.

Para trazer à luz a perfeição de Seus feitos, Seus nomes, Suas denominações, que foi a causa da criação dos mundos.

Ele então Se restringiu, no meio, precisamente no centro. Ele restringiu a luz. E a luz afastou-se para os lados em torno daquele ponto central. E ali restou um espaço vazio, um vácuo circundando o ponto central. E a restrição foi uniforme em volta do ponto vazio, de forma que o espaço uniformemente circundou-o.

Assim, após a restrição, tendo formado um vácuo e um espaço, precisamente no centro da luz infinita, um lugar foi formado, onde o emanado e criado podem residir. Então da Luz Infinita uma única linha estendeu-se, desceu dentro daquele espaço. E através daquela linha, Ele emanou, criou, formou, e fez todos os mundos.

Antes de estes mundos virem a ser, havia um infinito, um nome, em maravilhosa e oculta unidade, e mesmo nos anjos mais próximos a Ele, não há capacidade de atingir o infinito, pois não há mente que possa a Ele perceber, porque Ele não tem lugar, nem limite, nem nome.

O ARI, um grande Cabalista do século XVI

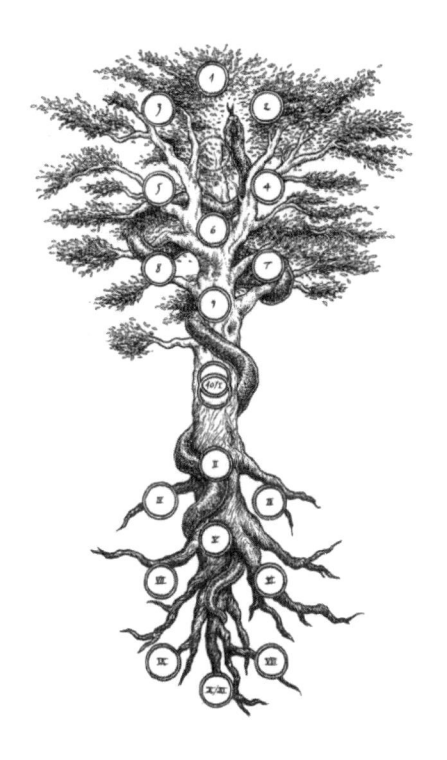

O seu desejo e interesse de se aprofundar na sabedoria da Cabala pode ser forte, mas ainda assim você precisará de um método para o estudo sistemático da Árvore da Vida. Seguem abaixo algumas instruções para você se conectar com a Sabedoria da Verdade, chamada pelos sábios de Israel de *Chochmá Ha Emet*, porque, se você a estuda com dedicação, disciplina e humildade, ela lhe indicará onde exatamente se situa, frente a seus semelhantes e à vida, e qual o seu grau de consciência com respeito à Luz Infinita – Ain Sof Aur e ao Criador de tudo e todas as coisas, o *Ha Kadosh Baruch Hu* (O Santo Bendito Seja Ele).

1. Procure aplicar essa sabedoria em suas atividades diárias.
2. Alegria e persistência fazem parte do caminho, lembrando sempre que a observação é o seu melhor mestre

e que, para se tornar um exímio observador, deve seguir três passos: Procure observar sem questionamentos e sem preconceitos, tornando-se uma simples testemunha imparcial daquilo que você observar.
3. Exerça a paciência, pois a pressa é uma grande vilã e constitui-se em um verdadeiro obstáculo, impedindo o progresso. A pressa conduz à superficialidade. Lembre-se: paciência é sinônimo de perseverança.
4. Dê um passo de cada vez. Procure agir com calma. Assim, como uma gota d'água que pinga constantemente é capaz de escavar uma rocha, você também pode alcançar seus objetivos, superando os obstáculos da vida cotidiana avançando passo a passo progressivamente.
5. Procure manter-se alerta, descartando opiniões pessoais sobre qualquer impressão. Vá em direção ao novo sem criar contendas, mesmo sabendo que mudanças não são fáceis, mas mantenha viva a chama do seu desejo de progresso. Entusiasmo sem desejo torna-se facilmente em ansiedade, e muita energia é desperdiçada.
6. Na escolha do seu objetivo tome muito cuidado, pois você sempre caminha na direção para a qual olha. Por isso, escute o seu coração, não se limitando apenas a aceitar tudo o que ouve ou porque lhe disseram. Lembre-se da parábola: *"Pode, porventura, um cego guiar a outro cego? Não cairão ambos no barranco?"* Lucas 6.39.
7. Procure dedicar tempo ao estudo e à meditação. A concentração, a meditação e a contemplação praticadas regularmente são extremamente benéficas para o progresso nos estudos da Cabala.
8. Faça um planejamento diário ou semanal, de modo a ajustar-se a seu estilo e ritmo de vida, escolhendo de preferência os momentos mais tranquilos, que geralmente são no começo da manhã e ao anoitecer.

9. Procure não se culpar e muito menos se cobrar em demasia por não conseguir avançar da forma que você deseja, lembrando que para tudo existe um tempo.
10. Saiba discernir trabalho de serviço. Trabalho consiste em um meio visando um fim, em função de uma necessidade de sobrevivência econômica, sendo um dispêndio de energia. Serviço é a colaboração entre mente e coração em prol de um motivo de sua própria escolha e *um propósito bem definido*. Lembre-se da célebre frase de Confúcio: *"Escolha um trabalho que você ame, e não terás que trabalhar um único dia em tua vida."*
11. Escute o seu próprio silêncio; ele sempre tem algo verdadeiro e profundo para lhe dizer.
12. Nunca se esqueça do mandamento maior: *"Amar a Deus sobre todas as coisas e ao próximo como a si mesmo."*

Bibliografia

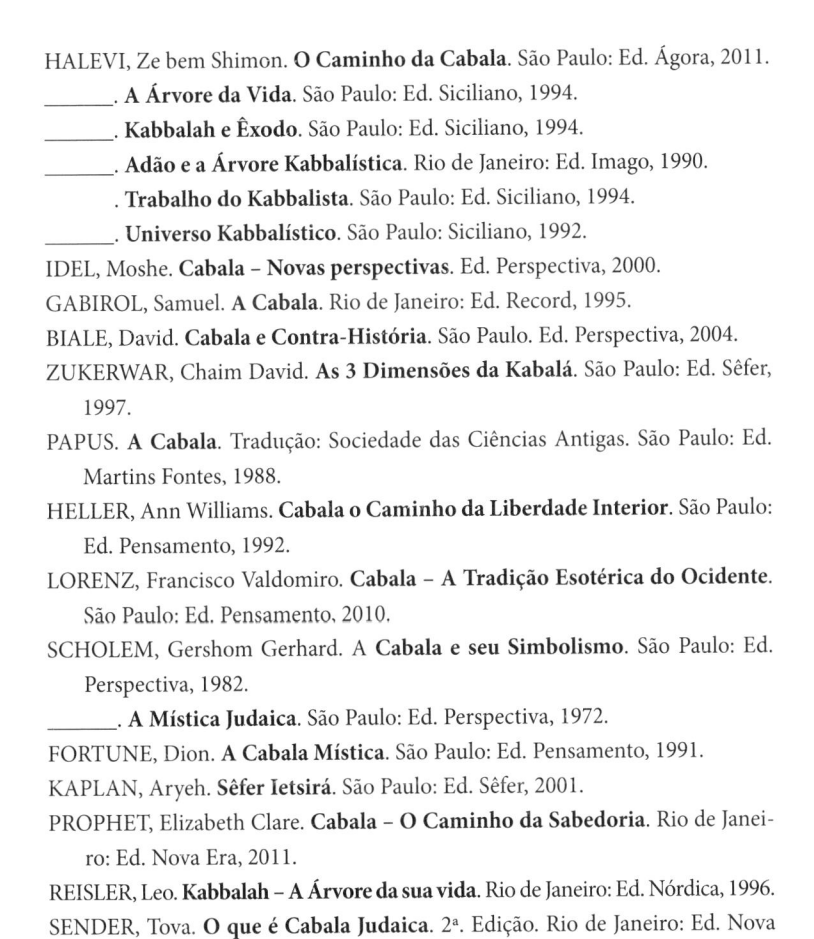

HALEVI, Ze bem Shimon. **O Caminho da Cabala**. São Paulo: Ed. Ágora, 2011.
_____. **A Árvore da Vida**. São Paulo: Ed. Siciliano, 1994.
_____. **Kabbalah e Êxodo**. São Paulo: Ed. Siciliano, 1994.
_____. **Adão e a Árvore Kabbalística**. Rio de Janeiro: Ed. Imago, 1990.
. **Trabalho do Kabbalista**. São Paulo: Ed. Siciliano, 1994.
_____. **Universo Kabbalístico**. São Paulo: Siciliano, 1992.
IDEL, Moshe. Cabala – **Novas perspectivas**. Ed. Perspectiva, 2000.
GABIROL, Samuel. **A Cabala**. Rio de Janeiro: Ed. Record, 1995.
BIALE, David. **Cabala e Contra-História**. São Paulo. Ed. Perspectiva, 2004.
ZUKERWAR, Chaim David. **As 3 Dimensões da Kabalá**. São Paulo: Ed. Sêfer, 1997.
PAPUS. **A Cabala**. Tradução: Sociedade das Ciências Antigas. São Paulo: Ed. Martins Fontes, 1988.
HELLER, Ann Williams. **Cabala o Caminho da Liberdade Interior**. São Paulo: Ed. Pensamento, 1992.
LORENZ, Francisco Valdomiro. **Cabala – A Tradição Esotérica do Ocidente**. São Paulo: Ed. Pensamento, 2010.
SCHOLEM, Gershom Gerhard. A **Cabala e seu Simbolismo**. São Paulo: Ed. Perspectiva, 1982.
_____. **A Mística Judaica**. São Paulo: Ed. Perspectiva, 1972.
FORTUNE, Dion. **A Cabala Mística**. São Paulo: Ed. Pensamento, 1991.
KAPLAN, Aryeh. **Sêfer Ietsirá**. São Paulo: Ed. Sêfer, 2001.
PROPHET, Elizabeth Clare. **Cabala – O Caminho da Sabedoria**. Rio de Janeiro: Ed. Nova Era, 2011.
REISLER, Leo. **Kabbalah – A Árvore da sua vida**. Rio de Janeiro: Ed. Nórdica, 1996.
SENDER, Tova. **O que é Cabala Judaica**. 2ª. Edição. Rio de Janeiro: Ed. Nova Era, 2007.
ZETTER, Kim. Cabala Para viver com sabedoria no mundo moderno. Rio de Janeiro: Ed. Nova Era, 2005.
MOUSSA, Simhon. **Árvore da Vida – Cabala, ciência ou misticismo?** São Paulo: Ed. Palavra do Mundo, 2015.

_____. **Filosofia da Cabala – Rumo a Da'at, a sefira do conhecimento**. Ed. do Autor, 2010.

LEET, Leonora. **A Kabbalah da Alma – Psicologia transformativa e práticas do misticismo judaico**. São Paulo: Ed. Madras, 2006.

TRYON, René de. e HRUBY, Montalembert Kurt. **A Cabala e a tradição judaica**. Lisboa: Ed. Edições 70, 1974.

EPSTEIN, Perle. **Cabala – O Caminho da Mística Judaica**. São Paulo: Ed. Pensamento, 1995.

TEMPORATOR, Frater. **A Cabala Desvendada**. 2ª. Edição. Curitiba: Ed. Biblioteca Rosacruz, 1985.

GRAD, A. D. **Para compreender a Cabala**. São Paulo: Ed. Pensamento, 1988.

WIPPLER, Migene González. **Jesus e a Cabala Mística – Chaves para o Reino**. Ed. Pensamento, 2006.

MATT, Daniel C. **O essencial da Cabala – O coração da cultura judaica em uma análise acessível e inovadora**. São Paulo: Ed. Best Seller, 1995.

CASTRO, José Arnaldo de. **Jornada Cabalista – Cabalá passo a passo**. São Paulo: Ed. Madras, 2005.

BERNIER, Nathan. **O Eneagrama – Símbolo de tudo e todas as coisas**. Brasília: Ed. Gilgamesh, 2005.

OUSPENSKY, P. D. **Fragmentos de um ensinamento desconhecido – Em busca do milagroso**. 12ª. Edição. São Paulo: Ed. Pensamento, 1997.

_____. **Psicologia da evolução possível ao homem – Síntese notável, atualíssima, da ciência do desenvolvimento espiritual através da consciência**. 17ª. Edição. São Paulo: Ed. Pensamento, 2016.

O CAIBALION. **Estudo da filosofia hermética do antigo Egito e Grécia**. 22ª. Edição. São Paulo: Ed. Pensamento, 2013.

WESTCOTT, William Wynn. **Uma introdução ao estudo da Cabala**. São Paulo: Ed. Madras, 2003.

KOREN, Sigalith H. **Almanaque de Kabala**. São Paulo: Ed. Roka, 2000.

EISENBERG, Josy. e STEINSALTZ, Adin. **O alfabeto sagrado**. 2ª. Edição. São Paulo: Ed. Loyola, 2015.

KLOTZ, Neil Douglas. **Sabedoria do Deserto**. Rio de Janeiro: Ed. Nova Era, 1996.

LEVI, Eliphas. **A chave dos grandes mistérios**. São Paulo: Ed. Pensamento, 1984.

_____. **Os mistérios da Cabala – ou harmonia oculta dos dois testamentos**. 12ª. Edição. São Paulo: Ed. Pensamento, 2005.

_____. **As origens da Cabala – O Livro dos Esplendores**. São Paulo: Ed. Pensamento, 1984.

KLEIBERG, Benita. **A Rosa e a Cabala**. São Paulo: Ed. Pentagrama, 2013.

FIELDING, Charles. **A Cabala Prática**. 10ª. Edição. São Paulo: Ed. Pensamento, 2007.

LAITMAN, Rav Michael. **O Zohar**. Rio de Janeiro: Ed. Imago, 2012.

BENSION, Ariel. **O Zohar – O Livro do Esplendor**. São Paulo: Ed. Polar, 2006.

CABALA, CABALISMO E CABALISTAS / (organizadores) Moshe Idel... [**et al.**]; [tradução J. Guinsburg, Fany Kon, Nancy Rozencham, Eliana Lamger e Margarida Goldsztajn] São Paulo: Ed. Perspectiva / CIEUCJ da Universidade Hebraica de Jerusalém, 2012 (Coleção de Estudos Judaicos).

ZUMERKORN, David. **Numerologia Judaica e seus mistérios**. 3ª Edição. São Paulo: Ed. Maayanot, 2011.

KENTON, Warren. **Astrologia Cabalística – Anatomia do Destino**. São Paulo: Ed. Pensamento, 1978.

RASKIN, Aaron Leib. **A Luz das Letras do Alfabeto Hebraico**. São Paulo: Ed. Lubavitch, 2017.

BERG, Yehuda. **O Poder da Cabala – Segredos do universo e princípios da vida**. Rio de Janeiro: Ed. Imago, 2001.

REHFELD, Walter. **Introdução à Mística Judaica**. São Paulo: Ed. Loyola, 2015.

RODRIGUES, João Anatalino. **A Maçonaria e a Cabala – A Árvore e a Loja: A influência da Cabala nos Ritos Maçônicos**. São Paulo: Ed. Madras, 2018.

MELAMED, Meir Matzliah. **TORÁ – A Lei de Moisés**. Realização: Templo Israelita Brasileiro Ohel Yaacov. São Paulo: Ed. Sêfer, 2001.

ROTENBERG, Mordechai. **Existência à Luz da Cabala**. Rio de Janeiro: Ed. Imago, 1999.

PARFITT, Will. **Elementos da Cabala**. Rio de Janeiro: Ed. Ediouro, 1993.

Contatos com o autor para cursos, palestras, seminários e *workshops*:
(21) 97252-7014
kadusantorodespertar@gmail.com
conexaoqabbalah@gmail.com
www.conexaoqabbalah.weebly.com
Facebook: Kadu Santoro Despertar

https://www.facebook.com/GryphusEditora/

twitter.com/gryphuseditora

www.bloggryphus.blogspot.com

www.gryphus.com.br

Este livro foi diagramado utilizando as fontes Minion Pro e Myriad Pro
e impresso pela Gráfica Vozes, em papel avena 80 g/m²
e a capa em papel cartão supremo 250 g/m².